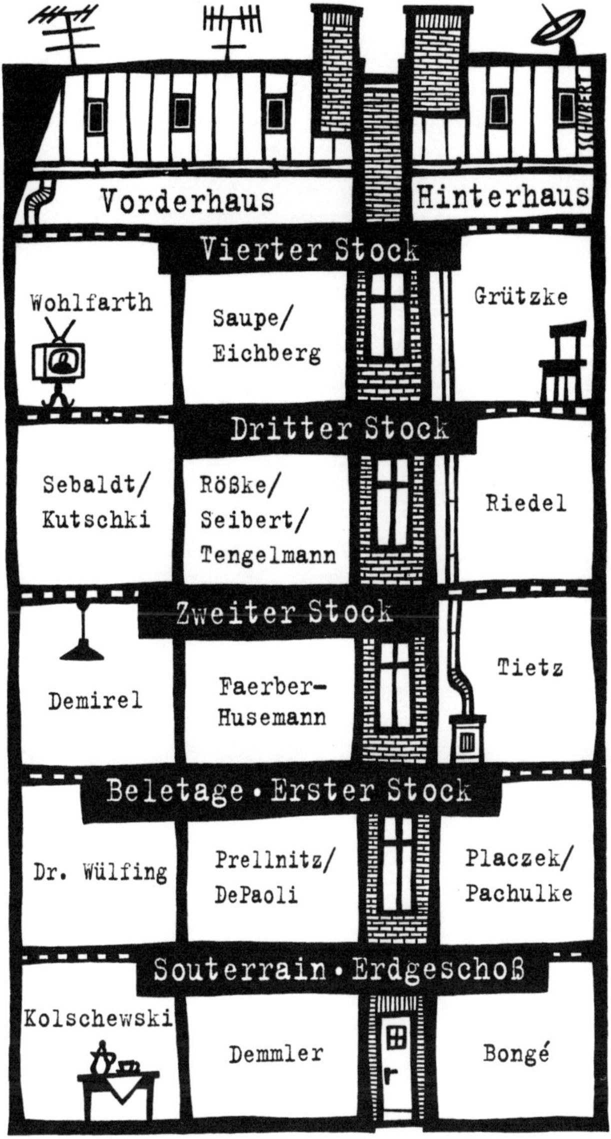

Vorderhaus
Hinterhaus
Vierter Stock
Wohlfarth
Saupe/ Eichberg
Grützke
Dritter Stock
Sebaldt/ Kutschki
Rößke/ Seibert/ Tengelmann
Riedel
Zweiter Stock
Demirel
Faerber-Husemann
Tietz
Beletage • Erster Stock
Dr. Wülfing
Prellnitz/ DePaoli
Placzek/ Pachulke
Souterrain • Erdgeschoß
Kolschewski
Demmler
Bongé

Thomas Platt

Liebe Mieter
und Untermieter!

Eichborn.

Die Deutsche Bibliothek – CIP-Einheitsaufnahme

Platt, Thomas:
Liebe Mieter und Untermieter : die Briefe des Dr. jur. Theo Pachulke /
Thomas Platt/Julius Grützke. – Frankfurt am Main :
Eichborn, 1988
ISBN 3-8218-1508-6

Lektorat: Georg Simader
Umschlaggestaltung und Illustration: Sebastian Schubert
Layout: Cosima Schneider
Gesamtherstellung: Fuldaer Verlagsanstalt, Fulda

ISBN 3-8218-1508-6

Verlagsverzeichnis schickt gern:
Eichborn Verlag, Kaiserstr. 66, D-60329 Frankfurt am Main
http://www.eichborn.de

I. Das neue Haus

II. Die Mieter

III. Lauter dumme Sachen

IV. Abschied

V. Gestatten, Pachulke!

I. Das neue Haus

DR. JUR. THEO PACHULKE

REHKITZSTEIG 3A • BERLIN SW 33 • FERNRUF 82 55 55

Berlin, in der 21. Woche 1993

Liebe Mieter und Untermieter!

Viele von Ihnen werden mich noch nicht kennen. Ich darf mich also vorstellen: Dr. jur. Theo Pachulke. Von Hause aus bin ich promovierter Jurist, aber ich spreche Sie hier als Ihr neuer Vermieter an. Für eine nicht unbeträchtliche Summe habe ich Ihr Domizil in der Erfurter Straße 62 erworben, um mich jetzt, da ich aus dem aktiven Berufsleben retiriert bin, weiterhin nützlich machen zu können. Auf schnelle Revenue bin ich dabei zunächst einmal gar nicht erpicht. Meine Jahre im Dienste des Staates haben mich vielmehr zu der Überzeugung kommen lassen, daß gerade im Bereich der Wohnungsbewirtschaftung noch vieles im argen liegt. Nicht zuletzt hat das Ansehen des Hauswirtes durch in den Medien überzeichnete schwarze Schafe Schaden gelitten. Ich bin auch deshalb angetreten, weil ich glaube, daß durch zupackendes Mittun das Miteinander der Hausgemeinschaft entschieden befördert werden kann. Für mich heißt Hauswirt nicht nur SEIN, sondern immerfort auch WERDEN. Wann immer es meine knappe Zeit zuläßt, werde ich in Zukunft persönlich Anregungen und Hinweise geben. Dazu soll auch dieser nunmehr wöchentliche Rundbrief dienen.

Einige von Ihnen haben mich ja bereits bei meinen Rundgängen im Stiegenhaus und auf dem Hof gesehen, wo ich mir ein Bild von den Zuständen gemacht habe. Dabei ist mir vor allem der Lärm aufgefallen, den rangelnde Kinder im Streit auf dem Hof verursachen. Blumenrabatten wurden achtlos zertreten, die Mülleimer von ihren Plätzen gezogen und böswillig vertauscht, wobei einer beinahe umfiel. Ich habe die Kinder zur Rede gestellt und erfahren, daß etliche nicht aus dem Haus stammen. Eines von ihnen hat mir sogar patzig die Antwort verweigert, als ich nach dem Namen der Eltern fragte. Sie werden verstehen, daß ich unter diesen Umständen gezwungen bin, das »Spielen« der Kinder im gesamten Hofbereich zu untersagen. Es kann ja nicht angehen, daß Ihre Zöglinge durch Einflüsse von Drittkindern ungewisser Provenienz aggressiviert werden und dann Zank und Hader von der Straße in die Etagen tragen. Spielen darf kein Vorwand für Enthemmung sein! Daß dabei auch das Fernsehen eine unselige Rolle spielt, will ich nicht bestreiten. Der Vorbesitzer hat aus Kostengründen einen Kabelanschluß nicht vorgenommen, eine Entscheidung, die aus anderen, sicher hehreren Motiven auch in meiner Zeit fortgilt. Wenn die Situation sich weiter verschärft, werde ich nicht umhin können, auch die Gemeinschaftsantenne vom Dach entfernen zu lassen. Den brutalisierenden Einflüssen der heutigen Fernsehprogramme kann nicht früh genug Einhalt geboten werden. Ich denke dabei vor allem an die Familie Demmler aus dem Souterrain, wo der Fernseher tagaus, tagein gewissermaßen als Familienmitglied in Betrieb ist. Kein Wunder, daß die Kinder diese Wohnung als kleine Monstren verlassen und im Hof Unheil anrichten. Woher ich das weiß? Dort verabsäumt man es ja aus Bequemlichkeit, die Vorhänge zuzuziehen und läßt stattdessen die Fenster erblinden. Das gibt dem Passanten die Gelegenheit, einen Blick in die Wohnung zu lugen. Leider war Herr Demmler für mich nicht zu sprechen. Aber vielleicht kann ich ihn auf diese Weise erreichen, oder aber Sie als seine Mitmieter können nachbarschaftlichen Einfluß ausüben. In diesem Zusammenhang will ich Sie ausdrücklich dazu ermuntern, mir Verbesserungsvorschläge für die Hausgemeinschaft zu machen. Auch Hinweise auf auffälliges Verhalten einiger Mietspersonen nehme ich gerne entgegen. Ich werde mich dann persönlich und angelegentlich darum kümmern.

Zunächst aber bleibe ich bis zur kommenden Woche

Ihr neuer Hausherr Dr. Pachulke

Berlin, in der 22. Woche 1993

Liebe Mieter und Untermieter!

Schulden sind nicht nur ein Loch in der Kasse, sie sind vielmehr ein Defizit des Charakters. Wer fremder Leute Geld verbraucht, als wäre es sein eigenes, hat keinen Respekt vor ehrlicher Arbeit und Eigentum. Ich selbst bin nie etwas schuldig geblieben und habe auch Ihr Haus allein aus meiner Hände Schweiß ehrlich erspart. Sie mögen das in einer Zeit von Leasing und Lotterie für altmodisch halten, aber so bin ich nun einmal.

Nicht jeder ist so rechtschaffen wie ich. Darüber rege ich schon lange nicht mehr auf. Aber über den Tisch ziehen lasse ich mich nicht! Was Frau Sebaldt aus dem dritten Stockwerk links mit mir versucht hat, schreit zum Himmel. Ihre frühere Mitmieterin hat das Weite gesucht. In einem vor grammatikalischen Fehlern strotzenden Brief kündigt sie mir den Mietvertrag – angeblich, weil sie kurzfristig eine neue Anstellung in Ludwigshafen gefunden habe. Ich kann mir schon denken, was die wahre Ursache ist: Diese unzuverlässige Person hat auf großem Fuß gelebt, für den ihr bisheriges Einkommen bestimmt nicht einstehen konnte. Ich würde mich nicht wundern, wenn Frau Sebaldt nicht auch bei einem von Ihnen in der Kreide stünde. Bei mir jedenfalls ist noch einiges offen. Allein die Miete für die nächsten sechs Monate macht ein erkleckliches Sümmchen aus. Und der Zustand der Wohnung? Ich habe mit unserer Hauswartsfrau Kolschewski eine genaue Begehung durchgeführt. Es spottet jeder Beschreibung. Die Kolschewski empfand die Räume als nicht ganz besenrein, und ich selbst habe einige bauliche Veränderungen entdeckt, für die Frau Sebaldt in ihrem frechen Brief sogar noch eine Abstandszahlung verlangt hat – Marmorbad, Einbauküche und Stangenschloß. Eine standesgemäße Neuvermietung ist in diesem Zustand nicht möglich. Das hat Frau Sebaldt wohl nicht bedacht, als sie auch noch die Rückzahlung ihrer Mietkaution verlangt hat. Aber auf diese Überweisung kann sie lange warten. Die Hausgemeinschaft wird froh sein, daß ich sie von diesem Parasiten befreit habe, auch wenn viele von Ihnen Frau Sebaldts Charakterlosigkeit nicht erkannt haben. Frau Demmler aus dem Souterrain zum Beispiel beharrte im Gespräch mit mir darauf, sie sei mit Frau Sebaldt immer gut ausgekommen. Nun mögen Sie einwenden: Die gute Frau Demmler ist nicht die Hellste. Da gebe ich Ihnen recht. Aber auf ein paar Tricks versteht so eine sich auch. Und Kuchen backen kann sie. Der frische Kranzkuchen, den sie uns in die Vakanz Sebaldt hinaufbrachte, war von erster Qualität. Ich ließ mich dennoch nicht von den Rosinen einlullen, sondern erinnerte Frau Demmler daran, daß mein Besuch in ihrer Wohnung noch ausstehe. Daraufhin erhielt ich postwendend eine Einladung zum Essen – offensichtlich wollte man Zeit gewinnen, um die Wohnverhältnisse zu schönen. Aber dieses Puschkinsche Dorf im Untergeschoß habe ich mir gar nicht erst vorführen lassen. Ich hatte ohnehin eine weit bessere Verabredung. Zwei Bewerber um die Vakanz Sebaldt hatten mich groß eingeladen. Vielleicht gelingt es mir ja, die Wohnung schnell neu zu vermieten (den jungen Leuten hat es vor allem das luxuriöse Bad angetan). Wenn man dazu noch die einbehaltene Kaution von Frau Sebaldt in Betracht zieht: Wer weiß – möglicherweise läßt sich die nächste Mieterhöhung so um einen Monat verschieben. Dann würde sich meine klare Linie gegenüber Frau Sebaldt für jeden einzelnen von Ihnen ausmünzen.

Gemeinsam sind wir stark

Ihr Hausherr Dr. Theo Pachulke

Berlin, in der 23. Woche 1993

Liebe Mieter und Untermieter!

Bei der Post ist es wie im Leben: Ordnung ist die halbe Miete! Nicht umsonst ist sie eine deutsche Erfindung, die weltweit Nachahmer gefunden hat. Kein Wunder, daß sie Miesmachern und berufsmäßigen Nörglern in unserem Lande ein Dorn im Auge ist. Einerseits geißeln sie die akkurate Pünktlichkeit und Zuverlässigkeit unserer Postboten als Pedanterie, andererseits kann es ihnen bei Briefen, die an sie gerichtet sind, gar nicht schnell genug gehen. Etwa Herr Tengelmann aus dem dritten Stockwerk, der nicht einmal Hauptmieter ist, reißt noch im Türrahmen seine Post auf und verschlingt deren Inhalt mit krankhafter Neugier. Und derselbe Tengelmann verhöhnt die Einführung neuer Postleitzahlen im Beisein von Frau Kolschewski als »Ausgeburt bürokratischer Hirnerweichung«. Unsere brave Hauswartsfrau hatte große Schwierigkeiten, mir diese Äußerung wortgetreu zu überbringen! In diesem Hetzklima ist es kein Wunder, daß die sogar von einem Wladimir Lenin einst bewunderte Briefzustellung allgemein gelitten hat. Kein Postbote getraut sich ja heute noch, seinen Dienst ordnungsgemäß zu versehen. Er macht sich doch nur lächerlich! Zur Verdeutlichung: Ein äußerst wichtiger privater Brief meiner Tochter – sie gab mir darin ihre Verlobung mit Herrn Milotinovic bekannt – erreichte mich erst vorvergangenen Dienstag. Abgestempelt war er in Sarajewo vier Monate zuvor. Und das ist nicht Neuyork oder Sidney, was die Entfernung betrifft. Gott sei Dank ist meine Tochter inzwischen wohlbehalten in Berlin angelangt und konnte mir ihren künftigen Gatten persönlich vorstellen. Ginge es aber nach Tengelmann und Konsorten, erführe ein Vater von den anderen Umständen seiner Tochter am besten überhaupt nichts! Vor diesem Hintergrund ist die Einführung neuer Postleitzahlen ein Hieb von geradezu alexandrinischer Kühnheit durch den gordischen Knoten aus Chaos und Saumseligkeit, den Kritikaster vom Schlage dieses Herrn Untermieter geknüpft haben.

Vom Erfolg der neuen Postleitzahlen hängt also gerade heute besonders viel ab. Deshalb sollten wir alle bei der Umstellung mithelfen. Mir ist aufgefallen, daß unser Postbote Herr Krüger noch immer Briefe und Päckchen auf die Etagen tragen muß, durchaus ein unnötiger Aufwand. Unlängst wies er mich auf die Möglichkeit eines Sammelbriefkastens im Hausflur hin, eine Mode, der ich mich aber nicht anschließen möchte, verschärft doch so ein Käfigsystem die Anonymität und Kälte unserer Zeit, zumal die hierfür notwendigen Aufwendungen in voller Höhe auf Ihre Nebenkosten umgeschlagen werden müßten. Vielmehr habe ich angeordnet, Sendungen an die Mieter insgesamt bei Frau Kolschewski im Souterrain abzugeben. Sie werden dann dort sortiert und durchgesehen und sind schon ab ca. 16 Uhr abzuholen. Zur Vereinfachung dieses hausinternen Zustellbetriebes habe ich ein fünfstelliges Mietleitzahlensystem entwickelt, das Zeit spart und Fehlläufer nahezu ausschließt. Ich will es Ihnen kurz erläutern: Die erste Ziffer steht für Vorder- oder Hinterhaus, die zweite für die linke oder rechte Seite, dann kommt die Etagennummer (0 wäre der Keller, 1 Parterre, 2 das erste Obergeschoß usf.) und die letzten beiden Ziffern stehen für die jeweilige Mieternummer, wobei die geraden Zahlen der Damenschaft zugewiesen wurden und die zweistelligen den Untermietern. Für Herrn Tengelmann zum Beispiel notiere ich wie folgt: 12413.

Sie werden sich vielleicht schon gefragt haben, warum von Donnerstag bis Sonnabend keine Post kam. An diesen Tagen habe ich mit der Kolschewski vorab mehrere Trockendurchläufe gemacht und mich dabei der Funktion der neuen Methode versichert. Jedem einzelnen von Ihnen habe ich in der Anlage seine persönliche Kennzahl im verschlossenen Umschlag zugeteilt. Bitte memorieren Sie sie und vernichten Sie das Dokument unmittelbar danach. Teilen Sie auch Ihren zuständigen Behörden und Briefpartnern mit, die Kennzahl künftig Ihrem Nachnamen anstatt des Rufnamens voranzustellen (z.B.: An Herrn 12413 Tengelmann). Selbstredend genügt auch die bloße Ziffer auf dem Umschlag. Selbst für Gäste ist gesorgt. Sie müssen nur deren Ankunft zwei Wochen im voraus bei mir melden und erhalten dann im Gegenzug eine provisorische Nummer pro Kopf und Gast. Dieser Service ist bis auf weiteres kostenfrei. Anruf genügt! Bis Ende November gilt eine Übergangsregelung, während der es auch schon einmal vorkommen darf, daß Mietleitzahlen fehlen oder unvollständig angegeben sind. Die gesamte Weihnachtspost aber wird schon nach dem neuen Prinzip abgewickelt. Ich werde zunächst persönlich Frau Kolschewski einarbeiten und Stichproben nehmen, um Ihnen einen reibungslosen Betrieb garantieren zu können.

Ohne mehr für heute bleibe ich bis zur kommenden Woche

Ihr Patron Dr. Pachulke

Berlin, in der 24. Woche 1993

Liebe Mieter und Untermieter!

Ich selber kann nicht kochen. Das gilt allgemein als Nachteil, kann einem aber durchaus auch zum Vorteil gereichen. Ich kann so unbefangener genießen und die Leistung der Köche unverbildet beurteilen. Mein gerechtes und gewiß auch oftmals sehr scharfes Urteil hat schon vielen nicht geschmeckt. Nicht zuletzt meine ehemalige Frau hat darunter immer ein wenig leiden müssen, und unser Auseinandergehen ist sicher auch die Konsequenz meiner im doppelten Sinne scharfen Zunge. Es hat mich natürlich besonders gefreut, als mich das junge Paar Freyermuth und Baumann, das sich um die Vakanz Sebaldt im dritten Stockwerk links bewirbt, jetzt schon zum wiederholten Male zu einem ziemlich gelungenen Abendessen geladen hat, diesmal in das »Le Chién Andalou« am Breitenbachplatz. Der Name dieses Lokals ist freilich eine Frechheit: Hier wird nicht etwa französisch gekocht, sondern spanisch. Als ich den Kellner auf diesen Umstand aufmerksam machte, lachte er mir glatt ins Gesicht. Dabei war er Deutscher wie ich und hätte es doch besser wissen müssen! Nun gut, ich bin kein Mann, der lange auf einem Fauxpas herumreitet. Vielmehr ließ ich mich von der Fröhlichkeit der Freyermuths anstecken und aß mit viel Appetit. Die jungen Leute wollen heiraten und möglichst bald in mein – besser wohl: unser Haus einziehen. Sie haben mir zugesichert, den Hochzeitstermin nicht noch einmal fruchtlos verstreichen zu lassen, und ich könnte mir durchaus vorstellen, daß sie sich gut in unsere Gemeinschaft einfügen werden – vorausgesetzt, beide legen noch einige Unarten ab. Ich will hier gar nicht davon sprechen, daß Fräulein Baumann auch nach der Heirat ihre Berufstätigkeit fortzuführen gedenkt – das gehört ja unter jungen Leuten heutigentags zum guten Ton, nein – ihre äußerst positive finanzielle Situation, über die ich mich erkundigt habe, verleitet die beiden zur Verschwendung. Nur als kleines Beispiel: Allein das halbe Dutzend Einladungen an mich mag summa summarum zwei volle Monatsmieten verschlungen haben. Immer nur erste Häuser! Zu ihrer Entschuldigung führten sie an, daß sie auch selbst gerne kochen und die große Küche der neuen Wohnung gut zu nutzen wüßten. Dabei wurde mir wieder deutlich, daß, wer die Pfanne schön zu schwenken weiß, noch lange kein Gourmet sein muß. Eher das Gegenteil ist der Fall: So bestellten die beiden ein pappiges Reisgericht mit Fisch, Hühnerklein und Rosinen, das im Spanischen Pah-Ellja oder so ähnlich genannt wird, und tranken dazu einen roten Wein. Selbst im zarten Alter von zehn Jahren hat meine Tochter Dagmar schon gewußt, daß zum Fisch ein Weißwein gehört, und das, obwohl sie damals Alkohol noch kaum kannte. Als höflicher Mensch ließ ich mir natürlich nichts anmerken, so verlief der Abend denn doch auch recht harmonisch. Das lag nicht zuletzt an den Süßspeisen, denen meine ganze Liebe gehört. Oft können sie eine Mahlzeit entscheiden. Ich nahm einen Karamelpudding, der so köstlich zubereitet war, daß ich gleich noch einen zweiten hinterher bestellte. Leider fallen in der modernen Gastronomie die Portionen ja sehr klein aus.

Um ihren guten Willen zu bezeugen, haben die Freyermuth-Baumanns auch ohne Vertrag zugesagt, mit den notwendig gewordenen Renovierungsarbeiten in der Wohnung unverzüglich zu beginnen; so werden auch Sie, liebe Mieter und Untermieter, bald Gelegenheit bekommen, sie kennenzulernen. Ich möchte Sie bitten, dem jungen Brautpaar vorurteilslos und unbefangen zu begegnen, jedoch auch, es kritischer zu besehen als einen flüchtigen Alltagskontakt. Noch habe ich den Mietkontrakt ja nicht unterzeichnet ...

Bei aller Liebe für Neues bleibe ich bis zur kommenden Woche

Ihr Hausherr Dr. Pachulke

Berlin, in der 25. Woche 1993

Liebe Mieter und Untermieter!

Hoher Besuch in unserem Hause. Spätestens der Zeitung konnten Sie entnehmen, daß der Bezirksbürgermeister persönlich Frau Wohlfarth aus der vierten Etage zum 90. Geburtstag gratuliert hat. Was immer man von dem Manne sagen mag – und ich halte da gewöhnlich mit meiner Meinung nicht hinter dem Berg, aber hier muß ich es aus Pietät –, diese Ehrung war für mich ein Anlaß, auch selbst in der Wohnung der Jubilarin zu erscheinen und an der kurzen Feierlichkeit teilzunehmen. 90 Jahre sind gewiß eine lange Zeit. Da geht man durch Sonne und Regen, Sommer und Winter und tut so manches, dessen man sich später schämen muß. Frau Wohlfarth zum Beispiel hat nach dem Kriege nicht darauf gewartet, daß ihr Gatte, der im Felde geblieben war, für tot erklärt würde, nein – vorher schon nahm sie sich einen anderen Mann in die Wohnung, mit dem sie im Konkubinat lebte, bis die Formalitäten erledigt waren. Sieben Jahre lang! Und damit nicht genug: Die kurze Ansprache des Bezirksbürgermeisters suhlte sich förmlich in dieser Ungeheuerlichkeit. Dieser Geist ist es, der unserem Volk den Weg in die Zukunft verstellt! Als ich den Offiziellen beiseite nahm und darauf ansprach, hatte er die Stirn, mich stattdessen auf einige kleinere Undichtigkeiten im Dach hinzuweisen, die die Jubilarin nötigten, Auffangbehälter für das eindringende Regenwasser aufzustellen. Dabei verhindert die derzeitige Politik ein Mietniveau, welches mich in die Lage versetzen würde, die Immobilie instandzuhalten. Das gilt vor allem für gewisse Altmieter wie besagte Greisin, die den Undank auf die Spitze treiben. Aber diesen Argumenten verschloß sich der Bürgermeister. Wir wissen ja, welchen parteipolitischen Schlages dieser Mann ist! Über die Störung seiner Ansprache sowie der ganzen Festivität durch Renovierungsarbeiten im zweiten Stockwerk beschwerte er sich bezeichnenderweise nicht. Auch Frau Wohlfarth fand nichts dabei, daß am hellichten Vormittage überfallartig Maschinengeräusche aus den weitgeöffneten Fenstern der Vakanz Sebaldt heraufdrangen. Da sieht man wieder, wie die Fülle der Jahre eine Person bis zur Harthörigkeit abstumpfen kann – besonders, wenn sie alleine haust. In kurzem Abstand sind, manche von Ihnen sollen es vorschnell bedauert haben, Hund und Mann der Wohlfarth hingeschieden und haben unbenutzte Räume zurückgelassen. Alle weinen Krokodilstränen über die sogenannte Wohnungsnot, nicht zuletzt die Leute um den Bürgermeister, aber diese Verschwendung kommt diesen Panikmachern doch nur zupaß. Dreieinhalb Zimmer könnten doch weiß Gott besser genutzt werden. Junge Paare, die sich vermehren wollen, liegen auf der Straße für eine schrullige Alte, die das Feld nicht räumen will – das wiederholt sich millionenfach. Die Miettauglichkeit nimmt eben mit dem Alter genauso rapide ab wie die Fahrtüchtigkeit und sollte ebenso streng überprüft werden. Das Thema Wohnungsnot wäre dann jedenfalls vom Tisch. Aber anstatt enschlossen ans Werk zu gehen, gratulieren unsere Politiker diesen Asozialen mit üppigen Blumenbuketten, die anschließend meine Mülleimer verstopfen! Somit sind also die Nachkommen angesprochen, die störrische Ahnin rechtzeitig in ein Seniorenheim zu überführen, anstatt mit Kind und Kegel bei der Oma aufzukreuzen und ihrem Starrsinn Vorschub zu leisten. Zumindest müßte beizeiten eine Nachfolgeregelung für einen abrupten Wohnungswechsel (Altersheim/Hospital) gefunden werden, die akute Leerstände vermeidet. Aber eine derartige Voraussicht gilt diesen Leuten nicht als opportun. Dabei macht die fortschreitende Senilität solche Mieter zum unvorhersehbaren Sicherheitsrisiko. Gerade Ihre Kinder, die, wie ich höre, dort oben öfter mal Schokoladenstückchen in Empfang nehmen, sind akut gefährdet. Daher meine dringende Bitte: Schärfen Sie Ihren Kleinen ein, etwaige Beobachtungen in dieser Richtung umgehend sofort an mich weiterzumelden. Solange ich Greifbares nicht in der Hand halte, sind mir die Fäuste gebunden.

Des Herren Segen für jung und alt!

Ihr Hausherr Dr. Pachulke

Berlin, in der 26. Woche 1993

Liebe Mieter und Untermieter!

Nur wer wie ich Vater einer einzigen Tochter ist, kann nachfühlen, welcher Freude und Genugtuung ich am vergangenen Sonnabend teilhaftig wurde. Dagmar Milotinovic geb. Pachulke empfing vor dem eigenen, eben eröffneten Lokal ihre Ehrengäste, unter denen auch ich geduldig wartete. Mein Schwiegersohn Goran hatte drinnen ein opulentes Buffet aufbauen lassen und auch viele seiner Landsleute dazugebeten. Es spricht nur für ihn, daß er schon in der kurzen Zeit seines Hierseins einen großen Freundeskreis aufgebaut hat, dem es auch am wirtschaftlichen Erfolg nicht mangelt. Die zahlreichen in der zweiten Reihe geparkten Karossen – allesamt mit Autotelefon und Leder ausgestattet – sprachen da Bände. Auch die mitgeführte Damenschaft imponierte mir auf Anhieb. Die Levantinerin ist nämlich feurig und verbirgt ihre Reize nicht – im Gegensatz zu den Latzhosenträgerinnen unserer Breiten. Weiblich-kurze Röcke, schwarze Netzstrümpfe, offenherzige Dekolletés und dann und wann auch eine schicke Nerzstola vermochten es, meine Blicke immer wieder verweilen zu lassen. Damit nicht genug! Ein besonders zuvorkommender Gast, dessen herausgehobene Stellung sich in seinen Ringen von schwerem Gold niederschlug, stellte mir ohne Umschweife sogar ein Rendezvous mit seiner bezaubernden Begleiterin in Aussicht. Insgesamt schien mir die dezente Prachtentfaltung der beeindruckend großen, seriösen

Gratulantenschar ein gutes Omen für den kommerziellen Erfolg der Gaststätte meiner Tochter zu sein – ich spreche hier auch als Teilhaber, da ich den jungen Wirtsleuten mit einer Spritze finanzieller Art unter die Arme greifen durfte.

Dagmar hat sich enorm entwickelt. Voller Besitzerstolz führte sie ihre Besucher durch die behaglichen Gasträume. Es war ihr Tag, und selbst das blaue Auge, das sie sich, wie sie mir erklärte, beim jähen Sturz gegen eine Tischkante zugezogen hatte, konnte ihr Lächeln kaum trüben. Besonders gefiel mir die effiziente Saalregie. Als unser Untermieter Herr Rößke aus dem dritten Stock links, den Dagmar gegen meinen Rat eingeladen und vielleicht etwas überschwenglich umarmt hatte, auch noch mit ihr vertraut tat, reagierte Goran blitzschnell und beförderte den Störenfried mit Hilfe seiner Schußwaffe, einer nagelneuen Beretta, auf den Bürgersteig, woselbst er ihm auch noch in seiner Muttersprache einiges mit auf den Weg gab. Kein Zweifel, im »Crna Ruca« in der Mainzer Straße fühlt man sich vom ersten Moment an geborgen wie im Mutterschoße. Goran hat einfach an alles gedacht. An den Wänden eine Verkaufsausstellung von russischen Ikonen, auf den Tischen kleine Gewürzgestelle, die – weil gebraucht – schon für sich die Patina der Gemütlichkeit tragen.

Für die ganze Familie ist gesorgt. Während sich die Erwachsenen ungestört bei Slibowitz austauschen, finden

Kinder lehrreiche Unterhaltung an diversen Automaten, wo gegen einen kleinen Einsatz großer Gewinn erzielt wird – ob es nun Spaß ist oder Geld. Hier läßt es sich also wohl sein, und ich möchte jeder Mietsperson guten Willens diesen Hort balkanesischer Lebenslust ans Herz legen. Bei meinem Schwiegersohn habe ich für Sie exklusiv erreicht, daß er Ihnen an Wochentagen gegen Vorlage des Mietvertrages fünf Prozent Rabatt auf alle Hauptgerichte einräumt. Wer also die internationale sowie auch die jugoslawische Gourmetküche schätzt wie ich, dem beeide ich jetzt, hier und heute eine kulinarische Offenbarung erster Güteklasse.

Guten Appetit wünscht Ihnen

Ihr Hauswirt Dr. Pachulke

Berlin, in der 27. Woche 1993

Liebe Mieter und Untermieter!

Wer sich ein Haus baut, soll immer darin bleiben – so hat der Dichter formuliert, was auch meine Maxime ist. Wer das nicht glaubt, kann es jederzeit im Großen Buddenbrock nachschlagen – etwa unter H wie Heim. Zum Beispiel mein Bungalow am Rehkitzsteig: Schon als ich den Grundstein legte, war es gewiß, daß dort mein Schicksal sich beschließen würde. Ein Auszug käme nie in Frage. Sicher, in einem Villenvorort lebt es sich etwas komfortabler als auf einer x-beliebigen Etage. Aber dennoch sind auch die Wohnungen, die ich Ihnen zur Verfügung stelle, nicht bloße Etappen, sondern vielmehr Lebensziele.

Das war auch der Grund, warum ich das Ansinnen von Frau Wohlfarth im vierten Obergeschoß abschlagen mußte. Diese verdächtig sich rüstig gebende Greisin hatte leichtfertig anheimgestellt, ihre fünf verwaisten Räume gegen die zweieinhalb der Demmlers auszutauschen – angeblich, um der sechsköpfigen Arbeitersippe aus dem Souterrain mehr Platz zu schaffen. Seitdem die Demmlerin erneut (!) schwanger geht, wurden sogar ganz konkrete Pläne für die Benutzung der fraglichen Gemächer geschmiedet – und das hinter meinem Rücken, wie es heute üblich ist. Aber nicht mit mir! Sie ahnen es gewiß bereits: Von einer derart vordergründig inszenierten Hinterlist läßt sich ein Pachulke nicht ins Bockshorn jagen.

Die Ordnung der Mietparteien ist vielmehr auf die Bedürfnisse der Bewohner in geradezu idealer Weise zugeschnitten und darum unwandelbar. Nur weil eine klapprige Seniorin keine Stiegen mehr klettern mag, gibt sie sich plötzlich sozial. Aber nur aus einem Privatvergnügen heraus kann die gesamte Hausgemeinschaft nicht quasi unisono in Tumult gestürzt werden.

Anders allerdings sieht es aus, wenn ein Mieter noch nicht den rechten Platz im Hause gefunden hat. Zum Beispiel Herr Dr. Riedel aus dem Hinterhaus, der in einer seinem Rang als Honorarprofessor überhaupt nicht angemessenen Wohnung im dritten Stockwerk lebt, wo sich die Sonne wahrlich selten ein Stelldichein gibt. Dieser gut verdienende Mann könnte sich durchaus Besseres leisten, etwa die fünf Zimmer der Herren Prellnitz und DePaoli im Vorderhaus. Dort, auf der ersten Etage, würde dieser Herr bestimmt auch von seinem lästigen Klavierspiel ablassen, um sich statt dessen für eine Braut aus bester Familie zu bewerben. In dem prunkvollen Himmelbett aus dieser Wohnung wird er die Ehe dann auch besser nachvollziehen können als auf der schmalen Matratze, die er jetzt noch hat. Herrn DePaoli wird jedenfalls das ehemals Riedelsche Nachtlager im Hinterhaus lange reichen. Der junge Mann kann ohnehin froh sein, daß er den angejahrten Wohnungspartner endlich los ist. Das lange Zusammenleben hat die beiden einander so sehr angenähert, daß sie sogar einmal händchenhaltend gesehen wurden.

Unsere gute Frau Kolschewski war schockiert, als sie mir ihre Beobachtung überbrachte.

Ganz bewußt habe ich also diese hartnäckigen Hochzeitsmuffel in möglichst weit voneinander entfernt gelegene Bleiben geplant, so daß sie sich künftig höchstens einmal noch flüchtig im Stiegenhause begegnen werden – wenn überhaupt. Herr Prellnitz bleibt ja im Vorderhaus. Ab dem Ersten des nächsten Monats wohnt er dort, wo die Demirels bisher hausten.

Die türkische Sippe wird in Zukunft unter ihresgleichen leben. Bei irgendeinem Cousin oder Mufti werden diese geschäftstüchtigen Anatolen schon unterzukommen wissen. Nach meinem Dafürhalten ist diese Lösung für alle Beteiligten am besten. Schließlich haben wir die Demirels lange genug durchgefüttert.

Im Sinne germanischer Gastfreundschaft grüßt Sie

Ihr Dr. Theo Pachulke

Berlin, in der 28. Woche 1993

Liebe Mieter und Untermieter!

Ich habe immer leicht Freunde gefunden, ob es nun im großen Kriege war, wo Feuer und Blut die Kameraden zu Busenfreunden buk, ob im Berufe, wo der Neid die Seelenharmonie prüft, oder bei Geselligkeiten, wo man die Oberfläche nur selten durchstößt. Dabei meine ich mit Freundschaft nicht bloße Gleichheit der Interessen, nicht jene Männerwirtschaft, in der die Herren Prellnitz und DePaoli im ersten Obergeschoß leben, nur aus selbstgeschaffener Not, keine junge Dame zu finden, die den offensichtlich allzuhoch gesteckten Anforderungen genügt – nein, echte Freundschaft, das ist nichts anderes als der Schulterschluß der Geister.

Auch heute noch vermag ich andere zu faszinieren. Dabei ist es nicht einmal leicht, mit mir auszukommen. Leute, die mir nur nach dem Munde reden, durchschaue ich im Nu, und meine freimütige Art kann labile Charaktere tief verletzen. So war ich am Wochenende bei meinem Nachfolger im Amte zum Abendessen geladen. Als ich die Anziehung, die ich auf seine junge Gemahlin ausübte, aus Höflichkeit nicht unbeantwortet lassen wollte, wies man mir noch vor dem Dessert die Tür! Diese Ungeheuerlichkeit ließ mir denn keine andere Wahl, als in einem Lokal wenig weiter mindestens noch eine Süßspeise zu mir zu nehmen. Ich hatte Glück: Der Grießpudding mit Erdbeeren war ganz nach meinem Gusto und ließ mich den entgangenen Nachtisch leicht vergessen – den Grünbergschen hätte ich wie üblich ohnehin nur mit gutem Willen und als Konzession an die (wie ich heute weiß, leider heuchlerische) Gastfreundschaft herunterbekommen.

Aber diese Leckerei wurde noch übertroffen von der Süße des Augenblicks, da ich einen neuen Freund fand. Er saß mir geradewegs gegenüber und richtete seine warmen braunen Augen genau in dem Moment auf mich, da ich mich als Hausbesitzer zu erkennen gab und der plumpen Vertraulichkeit des Kellners zu erwehren hatte. Wir kamen dann schnell ins Gespräch, und ich mußte feststellen, daß ich hier einem nahezu Ebenbürtigen begegnet war. Herr Kutschki, Dr. jur. wie ich, hat die seltene Gabe, in anderen Menschen das Besondere und Außergewöhnliche mit traumwandlerischer Sicherheit zu erkennen und dies ohne Liebedienerei in Worte zu fügen. Lange unterhielten wir uns über die Zunahme der Mißstände in Staat und Gesellschaft, seitdem ich dem Landesverwaltungsamt den Rücken gekehrt habe und privatisiere. So einen beschlagenen Partner habe ich allzulange entbehren müssen! Da traf es sich gut, daß er auf Wohnungssuche war und ich ihn unserem Haus als neuen Mieter der Vakanz Sebaldt zuführen konnte. Zu fortgeschrittener Stunde setzten wir einen Vertrag auf, wobei ich den Entwurf meines – so darf ich wohl jetzt schon sagen – zweiten Ich an unzähligen Stellen im Sinne aller Bewohner abänderte. Nach der Unterzeichnung mußte er als gestandener Verhandlungsfuchs zugeben, daß der schwere

Burgunder meine rechtschaffen forsche Linie nicht im geringsten aufzuweichen vermocht hatte. Selbstredend habe ich ihm beim Begleichen der Zeche ebenfalls nicht den Vortritt gelassen. Auf dem Nachhauseweg fielen unsere Schritte wie von selbst in den Gleichtritt unserer Herzen, und der Gedanke, den Freund künftig in unmittelbarer Nähe zu haben, machte mich übermütig. Seite an Seite tänzelten wir über das Trottoir, dem Morgen entgegen. Solch tiefe Freundschaft ist durch einen Kniff in den Popo der Gemahlin nicht zu erschüttern – zumal Herr Dr. Kutschki Witwer ist.

Die frischvermählten Eheleute Freyermuth nahmen die Nachricht von der Neuvermietung einigermaßen gefaßt auf, mußten sie doch einsehen, daß ein soignierter Herr wie Dr. Kutschki mehr Ruhe in die ohnehin wuselige Hausgemeinschaft zu bringen vermag als sie, die womöglich noch lärmenden Nachwuchs ins Haus setzen. Die von den beiden renovierte Wohnung wird umgehend von Herrn Dr. Kutschki bezogen, und ich möchte Ihnen dringend raten, ihm hilfsbereit und zuvorkommend zu begegnen. Er genießt mein ganzes Vertrauen und wird mich in allen Dingen des Hauses vertreten. Sie können sich mit Problemen juristischer wie persönlicher Art jederzeit an ihn wenden. Ich denke da besonders an die Herren Prellnitz und DePaoli, deren forciertes Junggesellendasein sie sicher das eine oder andere Mal mit den Organen der Justiz aneinandergeraten läßt, auch wenn die eigens dafür geschaffenen Paragraphen ja inzwischen einem völlig

unnötigen Modernisierungsdrang zum Opfer gefallen sind ...
Ohne mehr für heute bleibe ich bis zu Anfang der kommenden Woche

Ihr Hausherr Dr. Pachulke

Berlin, in der 29. Woche 1993

Liebe Mieter und Untermieter!

Jedes Haus ist eine Stadt im kleinen. Die Wohnungen kann man dabei als Gebäude bezeichnen, die Flure als Straßen, deren Kreuzungspunkte die Treppenabsätze sind. Es hat mich immer gestört, daß der Verkehr in Stiegenhaus und Hof keinem so ausgeklügelten Regelwerk unterliegt wie es die deutsche Straßenverkehrsordnung für seinen »großen Bruder« darstellt. Ich kann dem Vorbesitzer, Herrn Kraehkamp, den Vorwurf nicht ersparen, daß er es verabsäumt hat, das Kommen und Gehen im Hause im Rahmen einer Hausordnung streng zu kodifizieren. Aber vielleicht hat es auch sein Gutes, denn nun erstellt ein erfahrener Jurist und langjähriger Verkehrsteilnehmer die Gesetze aller Bewegung in Ihrem Heim. So schrumpft die Wahrscheinlichkeit von Gummiparagraphen und Rechtslücken auf Null.

Daß wir jetzt am Scheitelpunkt des Zenits von Disziplinlosigkeit und Konfrontation angelangt sind, zeigt sich an einem einfachen Beispiel. Bei meinem Rundgang am letzten Dienstag kam mir die wacklige Frau Wohlfarth in die Quere. Ganz in den Aufstieg geduckt, vergaß sie es, ihren Patron zu grüßen, und zerrte sich am Handlauf hinan, den sie in stierer Wut über die abhanden gekommene Biegsamkeit ihres welken Körpers am liebsten von den gedrechselten Pfosten gerissen hätte. Den Blick stur gesenkt, warf sie sich und ihren Einkaufsballast in meine federnden Schritte, und es kam, wie es kommen mußte: Sie schlug mit dem Gesicht auf die Stufen und ließ ihre bis zum Zerreißen gestopften Tüten mit dem brünftigen Schrei der ewigen Jungfer fahren. Eine schöne Bescherung. Die ganze Treppe war übersät mit Kartoffeln, Karamellen und Kukident. Die Greisin erniedrigte sich vor meinen Augen, als sie ihren billigen Plunder auf den Knien habgierig zusammenraffte. Ihre Alterssichtigkeit leistete ihr dabei Bärendienste, da ihre Brille beim Sturz unter mein festes Schuhwerk geraten war. Für eine halbe Stunde war die Treppe nicht gangbar! Der junge Seibert kam dazu und hatte nichts Besseres zu tun, als seine scheinheilige Hilfsbereitschaft impertinent zur Schau zu stellen, indem er Frau Wohlfarth zur Hand ging, obwohl ich ihn darauf hingewiesen hatte, daß er sich damit in einem rechtsfreien Raum bewegt. Deshalb gilt ab sofort eine neue Treppenordnung, deren vollen Wortlaut Sie bei mir gegen einen Unkostenbeitrag von DM 5,- (in Briefmarken) bestellen können. Da Gefahr im Verzug ist, will ich Ihnen die Kernpunkte vorab auszugsweise darlegen: Abwärtslaufende haben das Recht, am Handlauf zu gehen, da sie der Zentrifugalkraft ungleich mehr anheimfallen und daher Halt brauchen (§7/1). Die Aufsteigenden müssen ausweichen, wobei der Ältere vom Jüngeren zuerst gegrüßt wird, bei Gleichaltrigen eröffnet der von unten Kommende den Grußtausch (§7/3). Auf den Absätzen und im Hof gilt rechts vor links (§3). Die Störer des Hausfriedens erhalten von mir ein Abzeichen, das sie für alle erkennbar am Revers als von den Annehmlichkeiten des Zusammenlebens Ausgeschlossene kennzeichnet (§16). Dieser Brauch ist mir noch aus meiner Jugendzeit bekannt, und ich habe es immer bedauert, daß er in Vergessenheit geraten ist. Es versteht sich von selbst, daß sämtliche Gruß- und Vortrittsregeln für die Personengruppe um Herrn Rößke aus dem dritten Stockwerk keinerlei Geltung besitzen. Nur in äußersten Notfällen darf das Geländer als Rutschgelegenheit benutzt werden (§46a). Ich denke da an dringliche Niederkünfte, Zimmerbrände und sonstige höhere Gewalt. Mehr als drei Personen (im Hinterhaus: zwei) dürfen sich auf den Treppenkehren nicht versammeln (§13a). Gespräche über zwei Minuten Dauer müssen – wenn überhaupt nötig – in die Privaträume verlegt werden (§13b). Ich habe aus diesem Grund Frau Kolschewski angewiesen, die Ruhestühle von den Absätzen zu entfernen. Verschnaufen und palavern kann man auf dem Balkon genug!

Sicherheit auf allen Wegen!

Ihr Hausherr Dr. Pachulke

Berlin, in der 30. Woche 1993

Liebe Mieter und Untermieter!

Sie mögen lange suchen – einen Glücklicheren als mich werden Sie nicht finden. Auch wenn mir nichts in den Schoß gefallen ist, war mein Leben ein erfülltes. Und jetzt rundet es sich wie Siegfrieds Ring, geschmiedet aus dem puren Gold der Freundschaft.

Der heutige Tag war ein Triumph, nicht nur in meinem Leben – Sie alle haben daran teil. Als der unscheinbare Lastwagen der Umzugsfirma heute mittag um die Ecke bog, wußte nur ich, daß er einen unwiederbringlichen Schatz barg: das Hab und Gut von Dr. Rainer Kutschki. Sein heutiger Einzug im Dritten links ist ein Wendepunkt in der Geschichte unseres Hauses, von dem es keine Wiederkehr gibt. Unsere Freundschaft hier im Hause wird die Keimzelle einer neuen Gemeinschaft bilden, wie ich sie mir schon immer vorgestellt habe: Ein gelebtes Vorbild, das allen Mietern Ansporn sein soll, über sich hinauszuwachsen. Ich hätte niemals zu hoffen gewagt, daß mein Plan, der mit dem Kauf dieses Anwesens anhub, sich so schnell erfüllen würde. Da habe ich mich wohl unterschätzt.

Rainer traf erst ein, als alles hochgetragen war. Ich hatte die Packer bereits mit einem großzügigen Trinkgeld entlassen und erwartete den Freund in seinem Lieblingssessel. Im Geiste hatte ich schon die Fünf-Zimmer-Wohnung für meinen Freund eingerichtet und auch einen Gästeraum reserviert, der mich beherbergen kann, wenn es einmal spät werden sollte. Rainer war sprachlos. Wir begannen gleich, meine Ideen ins Werk zu setzen, und befestigten ein wertvolles Ölgemälde an der Wohnzimmerwand, das Rainer mit seiner verstorbenen Gemahlin Rebecca zeigt. Ich bewunderte ausgiebig den feinen Strich von des Meisters Palette, der auch meinem Lieblingsmaler Arnold Breker zur Ehre gereicht hätte – mit dem einzigen Vorhalt vielleicht, daß der Schöpfer dieses Bildes Frau Kutschki eine jüdische Nase angedichtet hat. So etwas wäre Breker nicht passiert. Meine diesbezügliche Bemerkung machte Rainer urplötzlich nachdenklich. Die Erinnerung an seine erloschene Liebe war es wohl, die ihn mich sofort gehen hieß. Auch in puncto Empfindsamkeit sind wir seelenverwandt!

Erst am Abend kehrte ich zurück, um dem neuen Mitglied unserer Gemeinschaft nach altem germanischen Brauch Zuckerbrot und Peitsche zu überbringen – von unserer Hauswartsfrau Kolschewski liebevoll verpackt. Rainer verabschiedete gerade die letzten Gäste einer improvisierten Einzugsfeierlichkeit. Ich war empört. Offensichtlich hatten einige Mieter die wehmütige Stimmung ihres neuen Nachbarn genutzt, um sich bei ihm an mitgebrachten Getränken zu delektieren. Sogar die Demirels waren mit von der Partie; wenn ich mich recht erinnere, hätten sie schon längst ausgezogen sein müssen.

Aber nicht nur, daß man den quasi paralysierten Rainer mit lästiger Gesellschaft peinigte – ihm wurden auch noch die Zimmer mit seinen Möbeln regelrecht vollgestellt. Statt eines Bettes fand ich in meinem Raum Rainers Arbeitstisch vor. Er selbst war zu angestrengt, um jetzt noch etwas zu ändern. Auch gut! Wenn es kein Zimmer bei ihm sein soll, muß ich eben eine ganze Wohnung nehmen. Welche – das werde ich in den nächsten Wochen zusammen mit Rainer entscheiden. Die Begehungstermine im Vorderhaus gebe ich Ihnen noch bekannt. Das Hinterhaus kommt ja keinesfalls in Frage.

Freuen Sie sich mit mir auf ein goldenes Zeitalter

Ihr Hausherr Dr. Pachulke

Berlin, in der __31.__ Woche 1993

Liebe Mieter und Untermieter!

In meinem Leben hat es zahlreiche Hindernisse gegeben, die ich stets mit Bravour genommen habe, und immer bin ich auch Menschen begegnet, die mir selbstlos zur Seite standen. Denn das Glück ist der Anwalt des Tüchtigen.

Im Hause hat es sich bestimmt schon herumgesprochen, daß mir auf dem Heimweg von meinem täglichen Rundgang mit meinem Wagen ein kleines Malheur passiert ist. Menschliches Versagen scheidet als Unfallursache aus. Ich muß Ihnen zunächst aber etwas anderes beichten: Ich bin, um mit Schiller zu sprechen, einem Engel begegnet! Meine Rundgänge führen mich für gewöhnlich vormittags ins Vorderhaus und am Nachmittag ins Hinterhaus. Doch an diesem Tage gestattete ich mir aus einer plötzlichen Laune heraus, die Ihnen vertraute Reihenfolge zu vertauschen. Es mag ungefähr vier Uhr gewesen sein – meine unangemeldete Visite bei Frau Wohlfarth war fruchtlos geblieben –, als mir im Stiegenhause eine junge Dame entgegenkam. Sie hatte eingekauft und trug schwer. Ich weiß, Ritterlichkeit steht nicht mehr hoch im Kurs; ich hätte ihr dennoch meine kräftigen Arme angeboten, wenn es mir einer so aparten Schönheit gegenüber nicht als zu aufdringlich erschienen wäre. Mit der Tür ins Haus zu fallen, ist nicht meine Art. Ob sie nur ein Gast oder ein heimlicher Untermieter ist, wollte ich sie auch nicht fragen, obwohl das mein gutes Recht als Hauspatron gewesen wäre. Frau Kolschewski wird das für mich klären. Ich dagegen war in diesem Moment ganz Gefangener des Augenblicks. Beschwingt, wie ich war, stieg ich in meinen Wagen und als ich gleich darauf aus der Einfahrt stieß, stellte sich mir ein polnisches Pärchen mit Kinderwagen in den Weg. Weil ich am Steuerrad versiert bin, gelang es mir, den leichtsinnigen jungen Leuten Schlimmes zu ersparen. Ich touchierte lediglich ihren schäbigen Kinderwagen. Ohne große Blessur am Auto konnte ich meine Fahrt fortsetzen.

Nun will man mir einen Strick daraus drehen. Das Pärchen gibt plötzlich an, daß mein zugegeben sportlicher Fahrstil ihr Kleinkind beschädigt habe. Dabei haben die Polen bekanntlich die Angewohnheit, in ihren Kinderwägen Zigarettenstangen, Gurkengläser und Zitronentee zu verschieben und nicht etwa ihrem Nachwuchs frische Luft zu verschaffen. Sie können sogar zwei »Zeugen« aufbieten, die das alles gesehen haben wollen. Umgehend bekam ich Besuch von den Ermittlungsbehörden. Als wäre ich irgendein x-beliebiger Halunke, las man mir eine Liste meiner angeblichen Vergehen vor. Sogar mein Wagen wurde beschlagnahmt. Ich war empört. Während bei Mord, Raub und Sexuellem ein Schupo kaum die Wache verläßt, hat man in diesem Bagatellfall schier die ganze Staatsmacht aufgeboten. Dabei ist, was man mir vorwirft, per se widerrechtlich. Aber im Umgang mit diesen Fremdsprachigen sind die Ordnungshüter in letzter

Zeit ja überkorrekt. Ohne eigene Zeugen ist man kaum mehr Mensch. So kommt es, daß Recht tief gebeugt wird. Derart bedrängt, wie ich bin, sind Sie, liebe Mieter und Untermieter, meine letzte Hoffnung. Vielleicht habe ich Glück, und der eine oder andere von Ihnen könnte gesehen haben, daß ich den fraglichen Schiebewagen nicht einmal gestreift habe oder, falls doch, daß Hehlerware herausfiel und nicht etwa ein plärrendes Balg. Ich will Sie dabei keineswegs zu einer Falschaussage nötigen – dazu bin ich Jurist genug. Aber bei einer Zeugenaussage geht es ja gar nicht um Beobachtung, sondern um Wahrhaftigkeit. Der vom optischen Eindruck überwältigte Augenzeuge ist oftmals – und das kenne ich aus meiner rechtspflegerischen Praxis – überfordert und kann den Tatbestand schlechter darstellen als jemand, der in aller Ruhe das Geschehen abgewogen hat. Jeden von Ihnen, der hier der Gerechtigkeit eine Lanze brechen will, den möchte ich schon jetzt sehr herzlich auf ein Gläschen in mein Haus bitten. Solcher Gemeinsinn kann nicht unbelohnt bleiben!

Furchtlos und unverzagt bleibe ich bis zur kommenden Woche

Ihr Hausherr Dr. Pachulke

Berlin, in der 32. Woche 1993

Liebe Mieter und Untermieter!

Gott ist tot. Da beißt die Maus keinen Faden ab. Die Religion mag ja in der vergangenen Zeiten ein probates Mittel für unbedarfte Geister gewesen sein, heute aber können – beim Fernsehen angefangen – die zahlreichen Möglichkeiten der Zerstreuung dem kleinen Mann ausreichenden Halt und Orientierungshilfe geben. Dennoch gibt es immer noch viele, denen der Glaube an ein höheres Wesen beim Ausbruch aus der Wirklichkeit Fluchthilfe leistet. Sie sollten sich merken: Zu diesen gehöre ich nicht. Das war auch der Grund, warum ich der Einsegnung des kleinen Lukas Demmler in der Johanniskirche fernblieb. Diese Betstube ist nicht mein Haus, und womöglich hätte ich noch von der Hostie nehmen müssen, was meinen Vorstellungen von Hygiene doch sehr zuwider ist, wie der ganze Budenzauber mit Weihrauch und Myrrhe meiner ästhetischen Empfindung. Wer im Felde gestanden hat, kennt die Folgen eines Gasangriffs!

Die anschließende Feierlichkeit im Souterrain unseres Hauses war da schon eher nach meinem Geschmack, obwohl Frau Demmler des Guten weiß Gott zuviel getan hat. Ob es nun wirklich sein muß, daß man die Tische mit fetten Speisen und klebrig-süßem Naschwerk überlädt, um auch noch zu feiern, daß eigenes Fleisch und Blut soeben zum Spielball der Pfaffen geworden ist, will ich einmal dahingestellt sein lassen. In Biafra hungern die

Kinder, während ihre Glaubensbrüder hier die Reste ungeniert in meine Mülltonnen werfen. Die sonst wohl angemessenen Räumlichkeiten waren für die zahlreichen geladenen und ungeladenen Gäste natürlich viel zu klein. So konnte ich mich nur wundern zu sehen, wie die »Wohngemeinschaft« Tengelmann, Rößke u. Seibert sich am Buffet breitmachte und sich dort mit unverhohlener Gier gütlich tat, obwohl man sonst erklärter Atheist zu sein vorgibt! Wenn es nichts kostet, lassen diese Bummelstudenten schlagartig die Selbstachtung fahren. Leider haben sie es auch verhindert, daß ich zu meinem Freund Dr. Kutschki wegen seiner Aussage in meinem Polen-Prozeß Kontakt aufnehmen konnte, indem sie ihn in längere Konversationen über Nichtiges verwickelten. So blieb mir nur das äußerst unerquickliche Gespräch mit dem Priester, Herrn Müller-Treusch. Er ließ gleich jede Contenance fahren und verlangte von mir eine Mietsenkung für die Demmlers. Aber da war der papistische Pope an den Falschen geraten. Die weibische Soutane eines Jesuiten verführt nur willfährige Seelen – mich nicht! Im Jenseits mag eine Wohnung wohlfeil sein, erwiderte ich, aber in meinem Haus bin immer noch ich der Hirte. Die Vernutzung des Souterrains durch die Kinderflut des Arbeiterhaushalts wird mir durch knappe zwanzig Mark pro Quadratmeter gerade einmal ersetzt, und die Enzyklika erlaubt es ja nicht, der karnickelhaften Fruchtbarkeit der Demmlerin mit den heutigen Mitteln einen Riegel vorzuschieben. Ich lasse mich doch nicht von einem angemaßten Armutsapostel quasi ans Kreuz nageln, bis mein Haus den Zinsjuden zum Fraße vorgeworfen wird. Zu alledem würde jeder Pfennig weniger direkt in den gierig aufgerissenen Klingelbeutel der römischen Theokratie fallen, wo die prassenden Parasiten im Vatikan den Herrgott einen guten Mann sein lassen. Nachdem sein devotes Bittgetue ohne Erfolg geblieben war, ließ der Kuttenträger alle Hüllen fallen und kam mir mit den Behörden. Ja – in der Aussicht auf eine satte Kollekte lästern diese Seelenfänger sogar noch die gottgegebene Rangordnung. Leider fuhr mir die frömmelnde Gastgeberin mit Rhabarberkuchen und einem Berg Sahne in die Parade. Auch der asketische Vikar schaufelte sich die milde Gabe in den spaken Leib, als wäre sie der Korpus Christi. Von seinen vollgewürgten Backen las ich den teuflischen Auftrag: Der polnische Bischof von Rom will meinen Besitz dem Katechismus unterwerfen. Wir haben es mit einer Verschwörung zu tun. Mein Unfall letzte Woche war nur Teil eines großen Planes. Fortan sind die Demmlerschen Kinder und ihre Erzeuger als die von Beichtigern ausspionierten Agenten einer Sekte zu betrachten. Ich kann nur alle Mieter ermahnen: Lassen Sie sich nicht missionieren! Nächstenliebe ist von der Idee her zwar eine feine Sache, die Praxis freilich sieht anders aus ...

Jedem das Seine und Gott zum Gruße!

Ihr Hauswirt Dr. Pachulke

Berlin, in der ___33.___ Woche 1993

Liebe Mieter und Untermieter!

Gestern nacht hatte ich einen Traum. Ich sah Flammen, züngelnde Flammen, alles verzehrende Flammen! Es wäre nicht übertrieben zu sagen, ich hätte mit diesem Traum geradezu prophetisch den Untergang des ganzen Hauses geschaut. Als ich aufgewacht war, begann ich sofort, Maßnahmen zu erdenken, die zur Abwendung eines Infernos unerläßlich sind. Die Quelle meines unruhigen Schlafes ist zunächst einmal das Gas. Obgleich die staatliche Vorsorge entschieden strenger gehandhabt wird als etwa bei Eigentumsdelikten, kann es immer noch sehr leicht geschehen, daß sich der flüchtige Stoff an falscher Stelle entzündet. Verheerungen andernorts zeugen nur von der allgemeinen Zunahme der Sorglosigkeit. Ich jedenfalls werde nicht zusehen, wie mein Besitz durch die Unachtsamkeit einiger Mieter zugrunde gerichtet wird. Dabei habe ich nicht nur meine finanzielle Sicherheit im Blick, sondern auch Ihre körperliche Unversehrtheit. Das Schreckbild von Mietern und Untermietern, die zu lebendigen Fackeln werden, treibt mich zu der unumstößlichen Entscheidung, das Gas ab dem Ersten des nächsten Monats im ganzen Haus abstellen zu lassen. Das ist auch deshalb ein besonders günstiger Moment, weil die Gaswerke ihre Lieferung auf eine neue, wenig erprobte, obendrein noch russische Gasart umstellen, und Ihnen so die langwierige Umrüstung Ihrer Kochstellen und die damit verbundenen Gefährdungen erspart bleiben. Dann müssen die Herren Tengelmann und Rößke auch nicht mehr in ihrer unerträglichen Art auf den fällig gewordenen Umtausch der Herde insistieren. Daß dies Sache des Vermieters ist, hätte ich auch gewußt, ohne daß diese Herrschaften meinen persönlichen Freund Herrn Dr. Kutschki für eine anwaltliche Erläuterung zu bemühen gehabt hätten. Tiefe Freundschaften derart schändlich auszunutzen, das ist ein Zeichen von Charakterlosigkeit – und ich bin doch auch ein wenig befremdet, daß ein Rainer Kutschki sich aus falsch verstandener Berufsauffassung in dieser Sache von Schädlingen der Hausgemeinschaft hat einspannen lassen.

Ohne Gas kein Kochen, werden Sie jetzt denken. Aber dem ist nicht so. Ich wäre weiß Gott ein pflichtvergessener Hauswirt, hätte ich nicht an Abhilfe gedacht. Bei meinen Besuchen im Lokal meiner Tochter – ich darf Sie erinnern: das »Crna Ruca« in der Mainzer Straße – konnte ich beobachten, daß die moderne Küche sehr wohl ohne Herd auskommt. Stattdessen bedient sich mein Schwiegersohn eines Mikrowellengerätes, mit dem es möglich wird, alle Gerichte zeitsparend zu garen und zu wärmen. Diese zukunftssichere Methode, liebe Mieter und Untermieter, möchte ich Ihnen anraten. Dabei müssen Sie auch Ihr Portefeuille nicht allzusehr strapazieren. Ich meine dabei nicht nur die geringeren Energiekosten – schon nach einer knappen Dekade wird die Anschaffung sich rechnen, nein – Herr Milotinovic, mein Schwiegersohn, ist bereit, die Schnellherde im Großhandel günstig zu erwerben und ohne nennenswerten Aufschlag an Sie weiterzugeben. Dann können auch die gewiß nicht allzugut gestellten Demirels endlich hygienisch kochen, und wir alle werden künftighin vom schwadenartigen Knoblauchdunst im Hausflur verschont.

Brandvorsorge ist immer eine konzertierte Aktion, und damit Sie nicht meinen, daß nur die Mieter dazu in Vorleistung gehen müssen, will auch ich meinen Teil zur Sicherheit beitragen: Die Feuerlöscher im Hause werden auf meine Kosten überprüft und – wenn nötig – nachgefüllt, und es hat dazu des Hinweises von Rainer zur regelmäßigen Wartungspflicht der Geräte in keinster Weise bedurft – ich kenne meine Pflichten aus dem Herzen heraus! Und Löschgeräte bleiben ja weiterhin unabdingbar, falls etwa Frau Demmler im Souterrain wieder auf der Couch vor dem Fernseher mit glimmender Zigarette einschläft. Da ändert es auch nichts, daß sie neuerdings mir gegenüber angibt, nicht mehr zu rauchen. Wie schnell sind gute Vorsätze vergessen ...

Ohne mehr für heute bin ich

Ihr Hausherr Dr. Pachulke

Berlin, in der 34. Woche 1993

Liebe Mieter und Untermieter!

Ich bin kein Einzelgänger. Wo auch immer ich stand, meldeten sich andere, um mit mir zu gehen. Ja, ich kann heute sagen: Für viele bin ich der sprichwörtliche Fels in der Brandung gewesen, der seine Schäfchen um sich sammelt. Das heißt nicht, daß ich jemals Beistand gesucht hätte. Die Leute suchen meine Nähe, weil man in meinem Kreise im Leben weiterkommt. Wer mir hilft, dem ist geholfen.

Deshalb hat mein Schreiben von neulich auch so überwältigende Wirkung gezeitigt, als ich Sie im Fall des touchierten Polenpärchens um Ihre Zeugenschaft gebeten hatte. Auch wenn Ihre natürliche Bescheidenheit, liebe Mieter und Untermieter, Ihnen zunächst Zurückhaltung auferlegte, sind doch vorgestern einige von Ihnen der Einladung gefolgt, die ich auf meinem Rundgang aussprach. Wir setzten uns an den Ecktisch im »Crna Ruca«, den uns mein Schwiegersohn Goran freigemacht hatte, und besprachen bei Slibowitz und warmen Speisen unser Vorgehen bei Gericht. Eine illustre Gesellschaft hatte sich da versammelt – alle waren vertreten: Frau Demmler aus dem Souterrain, Herr Prellnitz für die Beletage, Frau Wohlfarth von ganz oben und Herr Placzek, der das Hinterhaus repräsentierte, ein äußerst sympathischer Mann meines Jahrgangs. Und ... Sie werden es nicht glauben – auch Herr Rößke war da. Ich hatte ihm versprochen, bei

Goran ein gutes Wort für ihn einzulegen, in der Hoffnung, daß er sich nicht erneut danebenbenimmt. Aber Rößke hat mich auch hier wieder enttäuscht. Ohne sich groß um meinen Vortrag über den Unfallhergang und seine Rolle als Zeuge zu kümmern, stand er auch schon bei meiner Tochter Dagmar und belästigte sie, ungeachtet ihrer schlimmen Verletzung am Arm, die sie sich bei einem unglücklichen Sturz zugezogen hatte. Ich kann Gorans besorgte Reaktion gut verstehen und hielt ihn nicht davon ab, Rößke mit einem Fußtritt an die frische Luft zu setzen. Auch Dagmars unerklärliche Parteinahme für diesen Mann, der ja nicht einmal Hauptmieter ist, erregte Gorans Mißfallen, was er ihr durchaus gerechtfertigt mit einer schallenden Ohrfeige vergalt. Nach dieser Säuberung waren wir wieder ganz unter uns.

In der gereinigten Luft erkannte ich urplötzlich und messerscharf, wie müßig diese ganze Veranstaltung war. Auf schlichte Leutchen vom Schlage einer Frau Demmler, die zum Zeitpunkt des Unfalls bei einer Ultraschalluntersuchung gewesen sein will, kann ich verzichten. Wer sagt mir denn, daß sie nicht Krebs hat und spätestens bei der Berufungsverhandlung schon unter der Erde liegt? Frau Wohlfarth ist taub und blind und mit dem notorischen 175er Prellnitz sozusagen als Pärchen vor Gericht aufzutreten, bringt nur mich selbst in einen schlimmen Verdacht. Und Herr Placzek, der ein Bier nach dem anderen auf meine Kosten bestellte? Da könnte ich ja gleich auf unsere Concierge zurückgreifen. Frau Kolschewski tut wenigstens, was man ihr sagt. Nein – so sehr diese Mieter mir ans Herz gewachsen sind, zu Zeugen taugen sie allesamt nicht.

Vor dem hohen Stuhl des Richters wird nur einer in meinem Sinne bestehen können. Auch er ist Mieter und könnte den Vorfall zufällig gesehen haben. Aber darum geht es jetzt gar nicht. Rainer Kutschki. Jurist. Freund. Bruder im Geiste. Er wird das Blatt für mich wenden. Sobald ich ihn erreicht habe, können wir wieder zuversichtlich nach vorn blicken. Mit ihm an der Seite habe ich vor Gericht nichts zu befürchten. Noch am Abend des Prozeßtages werde ich es mir als freier Mann erlauben, ihn in ein erstes Haus seiner Wahl zu führen, und Sie alle sind eingeladen sich zu beteiligen, wenn wir uns bei Dr. Kutschki bedanken. Die Rechnung dieses Abends wie die des vorgestrigen werde ich den Nebenkosten zuschlagen. Ich denke, ich handle in Ihrem Sinne.

Frohen Mutes grüßt Sie

Ihr Dr. Pachulke

Berlin, in der 35. Woche 1993

Liebe Mieter und Untermieter!

Ebenso entehrend wie der Verlust des Ranges beim Militär ist der des Leumundes im zivilen Leben die schlimmste Schande, die dem Bürger widerfahren kann. Dabei meine ich mit Leumund sicher nicht die von unserem marode gewordenen Staatswesen verliehenen bürgerlichen Rechte, die ja inzwischen jeder Dahergelaufene in Anspruch nehmen kann, nein – Leumund ist der Respekt, der dem braven Mann unter seinen Mitmenschen zuwächst. Dieses hohe Gut hat eine Person in meinem Hause verwirkt. Nach langen Jahren der Abstinenz habe ich letzte Woche wieder ein Gerichtsgebäude betreten, diesmal – Sie werden es immer noch nicht glauben wollen – als ein von den Behörden Beklagter. Kaum in seinen Schranken, war ich sofort wieder in meinem Element und schlug mich wacker gegen die krakenartige Einkreisung durch die Schergen der heutigen Ausformung dieses Systems. Daß ich am Ende nicht obsiegte, lag sicher nicht an mir, sondern an der Hinterhältigkeit jener Mietsperson aus der dritten Etage links, die gegen den Patron schamlos auszusagen sich nicht entblödet hat. Meine Mieter müssen gewarnt werden, aber dennoch: Doktor Kutschkis Namen hierher zu setzen, ist mir widerwärtig. Dieser sogenannte Jurist hat unsere Hauswartsfrau Kolschewski vor den Augen der Justiz quasi bis aufs Hemd ausgezogen und im Regen stehengelassen wie eine heiße Kartoffel. Nicht nur, daß er sie der

Falschaussage bezüglich meiner kleinen Karambolage mit einem polnischen Kinderwagen geziehen hat, nein – sie muß sich vom hohen Stuhl herab auch noch vorwerfen lassen, sie sei eine zeugnisuntaugliche Trinkerin und womöglich von mir mit Likörfläschlein bestochen worden, was gerade dann nicht zutreffen kann, wenn ich ihr tatsächlich hier und da einmal eine derartige Gratifikation geleistet habe. Natürlich hat die Kolschewski sich bei ihren Angaben verheddert, obwohl ich zuvor ihren Auftritt auf alles juristisch Notwendige hin geglättet hatte. Aber der kalte Blick aus den stechend schwarzen, fast irren Augen des ehrlosen Hausgenossen hypnotisierte das arme Geschöpf, und die perfiden Fangfragen des Staatsanwaltes taten ein übriges. Seine eigene »Darstellung« absolvierte Kutschki wie ein Roboter, eiskalt programmiert. Die hochtoupierte Richterin, deren Haarrot genauso falsch war wie das ganze Schmierenstück im ehrwürdigen Saal, glaubte natürlich dem hundsföttischen Winkeladvokaten, der im gleichen Fach ist wie sie! Die wohlgeschnitzte Kassettendecke hätte aus ihrer Verankerung springen, die schmucke Balustrade des Zeugenstandes sich biegen müssen, als dem angeblich durch mich zu Schaden gekommenen Polenpaar ein Dolmetscher gestellt wurde, der ihre himmelschreiende Einlassung in ein gedrechseltes Kauderwelsch verwandelte, das den ahnungslosen Schöffen imponieren sollte. Um die Farce auf die Spitze zu treiben, hielt auch noch die ostische Rabenmutter ihr dickgemästetes Wickelkind in die Höhe und schüttelte das Ding, bis es schrie. Wie ein

Sendbote des Satans grinste Kutschki mich an, und ich konnte förmlich fühlen, daß er die Hände unter dem Tisch rieb, als die Richterin die billige Komödie zu ihrem abgeschmackten Schluß trieb und mich aburteilte wie einen Gewohnheitsverbrecher. Nein – Körperverletzung, Sachbeschädigung, Fahrerflucht und Nötigung zur Falschaussage waren meine »Verbrechen« nicht. Mein Verbrechen ist das Vertrauen, das ich in Herrn Dr. Kutschkis Freundschaft gesetzt habe. Ich habe eine Natter an meiner Brust genährt. Aber er freut sich zu früh. Dieses Fehlurteil ist allenfalls ein Papyrussieg, denn nicht nur mir hat er die Treue gebrochen, die Menschheit als Ganzes ist durch dieses kotige Kuckucksei denunziert. Hinfort ist er ein Ausgestoßener unter uns, ein Paria, Auswurf der Gemeinschaft, dem ich bei nächster Gelegenheit die Miete saftig erhöhen werde. Im Kriege war nach der Degradierung durch Entfernung der Achselstücke der Tod nur noch Erlösung. Das Ehrenzeichen meiner Freundschaft reiße ich dem Kutschki von den krummen Schultern. Vom »Du«, das ich Dir hochherzig angeboten hatte und das Du nie verwendet hast, kehre ich im Verkehr mit Ihnen zum »Sie« zurück. Ich mag einen Prozeß und die Fahrerlaubnis verloren haben, aber Sie haben alles verloren! Die gesamte Mieterschaft wird nunmehr von Kutschkis Intrige betroffen sein, denn wenn das Blut aus dem Herzen des Gemeinwesens gesaugt wird, dann ertauben alle Glieder. Ich werde fortan mit dem Taxi zu meinen täglichen Rundgängen ins Haus fahren und die gewiß nicht unerheblichen Kosten Ihrer

Miete zuschlagen. Dafür können Sie sich bei »Herrn« Doktor Kutschki persönlich bedanken ...

Mit erhobenem Haupte grüße ich alle, die auf meiner Seite sind!

Ihr Hauswirt Dr. Pachulke

Berlin, in der 36. Woche 1993

Liebe Mieter und Untermieter!

Irgendwann ist Schluß! Ich mag ein weiches Herz haben, aber alles lasse ich nicht mit mir machen. Habe ich nicht jedem einzelnen von Ihnen schon gesagt, daß vor jeden Keller ein Schloß gehört? Und doch habe ich bei meiner gestrigen Revision zwei Parzellen ungesichert vorgefunden, darunter auch den Verschlag von Seibert. Dort hat sich bereits Müll angesammelt. Etliche Umzugskisten versperrten dort meinen Weg, die aber gar nicht Seibert gehören und auch nicht seinen Untermietern Rößke oder Tengelmann, sondern der Person, die erst kürzlich zu uns gezogen ist. Ohne zu zögern wollte ich Herrn Seibert in Kenntnis setzen. Leider traf ich nur Rößke an, der mich glauben machen wollte, Seibert habe dem Nachbarn die Fremdnutzung erlaubt. Aber ich kann das nicht zulassen. Und das geschieht zum Schutze aller Mieter.

Ich habe meine Lektion gelernt. Sehenden Auges bin ich meinem allzuguten Herzen gefolgt – und eben nicht in mein Verderben gerannt, sondern noch rechtzeitig vom schiefen Zug abgesprungen. Im Grunde hatte ich Kutschki schon bei der ersten Begegnung erkannt. Die devote, kriecherische Art, in der er sich mir damals näherte, verriet den versierten Betrüger. Wie er noch versuchte, den Mietvertrag zu seinen Gunsten zu wenden: In meiner Zeit im Amte bin ich vielen von dieser Sorte begegnet, und ich habe sie alle zur Strecke gebracht. Aber bei Kutschki hatte ich Höheres vor. Ich wollte ihn bessern. Nur deshalb habe ich diese armselige Kreatur zu uns genommen und ihr Obdach gegeben. Daß selbst ein erfahrener Mann wie ich dabei einen Rückschlag erleiden konnte, sollte Ihnen allen zur Warnung dienen: Der Kutschki ist gefährlich. Die Spuren seiner Taten können Sie im Keller besichtigen, wo er seine Kreise in Form von Pappkisten bereits bis in den hintersten Winkel gezogen hat.

Nun werden Sie mit Recht fragen: Warum schützt der Patron uns nicht vor diesem Unhold? Ich könnte es mir leicht machen und Kutschkis Mietvertrag zerreißen. Das wäre der einfache Weg. Aber ich gehöre nicht zu denen, die gleich klein beigeben, wenn etwas nicht klappt. Nein – der Verrat meines Mieters hat mich bloß noch bestärkt. Das Experiment geht weiter. Nur die Sicherheitsbestimmungen müssen verschärft werden. Um den Aufenthaltsort des Kutschki wird in Zukunft ein Kordon aus Moral und Anstand errichtet. Jeder einzelne von Ihnen wird einen Stein darin bilden. Nur ich werde zu gegebener Zeit den Wall durchschreiten, um zu sehen, ob sich etwas getan hat. Wer weiß, vielleicht können wir den Abtrünnigen irgendwann einmal wieder unter uns begrüßen? Ganz kann ich mich in ihm ja nicht getäuscht haben.

Alle bis auf einen grüßt

Ihr Hausherr Dr. Pachulke

II. Die Mieter

Berlin, in der 37. Woche 1993

Liebe Mieter und Untermieter!

Viele Menschen empfinden Befriedigung darin, ihr Bild in der Zeitung oder in Magazinen abgedruckt zu sehen. Manche können vor einem Spiegel stundenlang in der Betrachtung ihrer selbst verharren. Ich kenne sogar jemanden im Hause, dessen Namen ich hier nicht nennen will, der von sich und seiner Frau für viel zu viel Geld ein Portrait in Öl hat anfertigen lassen, das den beiden kaum ähnlich ist. Blanke Eitelkeit! Die Bibel hat über dieses Laster nichts Geringeres als die Todsünde verhängt. Was immer man an mir kritisieren will: Ungeduldig – gewiß, überkorrekt – ja gut, schroff im Urteil – warum nicht?, aber eitel – eitel bin ich nicht.

Vor einer Woche habe ich im Stiegenhaus anstelle des stummen Portiers ein Portraitfoto aufgehängt, das mich als Hauswirt in ganzer Größe darstellt. Warum? In der Zeit außerhalb meiner Rundgänge soll mich dies Bildnis symbolisch vertreten. Überdies dient es der Transparenz. Der Gast des Hauses soll schon im Aufgang wissen, mit wem er es zu tun hat. Noch einmal: Es kommt nicht von der Eitelkeit. Auch mein Angebot, Ihnen Reproduktionen des Konterfeis für Ihr Heim zugänglich zu machen, sollte die Verbundenheit von Hauswirt und Mietern verdeutlichen.

Personenkult kommt mir dagegen nicht ins Haus. Schon deshalb hat es mich erstaunt, daß ausgerechnet Herr Rößke aus der dritten Etage bei Foto-Hübner gleich 30 Abzüge in Postkartengröße bestellt hat. Derselbe Rößke, der im Beisein von Frau Kolschewski dem Bilde im Flur in demagogischster Weise den Deutschen Gruß entboten hat! Sofort habe ich Verdacht geschöpft und das Bild wieder entfernt. Fraglicher Mieter beabsichtigt nämlich, sich seinen Spaß aus einer kleinen Unzulänglichkeit des Bildes zu machen und sie als Waffe gegen meine Person zu richten.

Den Termin im Studio des Fotografen Hübner habe ich schon deswegen besonders ernst genommen, da es sich ja nicht einfach um die Wiedergabe meines Äußeren handelte, sondern vielmehr um ein Abbild der Idee und Institution Hauswirt. Der Geist meines Wirkens sollte Bestand haben – über meine Zeit hinaus. Der unbestechlichen Linse wollte ich ohne jeglichen inneren Druck gegenüberstehen und erleichterte mich deshalb vor der Sitzung. Daß beim anschließenden Händewaschen ein Schwall Wassers auf meine Hose und schließlich auch auf das Foto geraten ist, kann nur Elemente vom Schlage eines Rößke erheitern, deren Phantasie sich offenbar erst an entblößten Geschlechtsorganen und Abtritt erhitzt. Meiner dringenden Aufforderung gegenüber, mir die mißlungenen Abzüge gegen Kostenersatz auszuhändigen, hat sich Herr Rößke taub gestellt. Stattdessen setzt er sie bei Gleichgesinnten in Umlauf.

In dieser Lage bin ich gezwungen, ihn bis auf weiteres von der Benutzung der Waschküche und des Fahrradständers auszuschließen. Er kann sich im Haus als gerade noch geduldet betrachten. Diese Maßnahmen geschehen nur, um Schaden von der Gemeinschaft abzuwenden. Denn wenn wir es heute zulassen, daß ein Untermieter auf den Repräsentanten des Anwesens gleichsam uriniert, haben wir es schon morgen überall mit einer lawinenartigen Spirale aus Ungehörigkeit und Insubordination zu tun. Ich fordere daher alle nachdrücklich auf, Rößke unsere Mißbilligung fühlen zu lassen. Grußverhältnisse sind – sofern sie überhaupt bestehen – bis auf weiteres einzustellen, Hilfeleistungen auch der geringsten Art unangebracht, bis er sich fügt. Ich bin der letzte, der nicht – wenn es um einen Spaß geht – auch einmal fünfe gerade sein läßt, aber diese krisenhafte Situation fordert entschiedenes Handeln.

Mein heutiger Gruß gilt allen, die guten Willens sind!

Ihr Hausherr Dr. Pachulke

Berlin, in der 38. Woche 1993

Liebe Mieter und Untermieter!

Am Ersten eines jeden Monats erhalte ich von den meisten von Ihnen einen Beitrag für die Erhaltung Ihres Lebensraums. Doch mir, Ihrem Hauswirt, wird nicht nur das vergolten, auch ein immaterielles Gut wie der Hausfrieden bedarf sorgsamer Wartung. Von jeher hat die Heiligkeit der Wohnung im Lande der Deutschen Vorrang vor allen anderen Rechtseinräumungen. Und wenn auch heutigentags Presseschnüffler, Gebührenfahnder und Sektenanwerber diese Tradition methodisch aushöhlen, so gilt doch in meinem Hause dieses Erbe unbeirrt fort.

Am vergangenen Donnerstag gab ich es auf, bei Saupes im vierten Stockwerk rechts weiter sinnlos zu schellen. Sie erinnern sich vielleicht – ich hatte vor einiger Zeit eine junge, fremde Dame diese Wohnung betreten sehen, und wollte mir nunmehr einen Eindruck von Zustand und Nutzung der Räume verschaffen. Unsere brave Hauswartsfrau Kolschewski, die eine Nase für Unregelmäßigkeiten besitzt, hat nämlich die ältlichen Saupes seit langer Zeit nicht mehr im Haus beobachtet. Sie können es sich ja denken: Ich war in tiefer Sorge. Die an sich schön geschnittene Wohnung Saupe ist keineswegs geschmackvoll eingerichtet. Die Gestaltung von Zimmern sollte immer auch unser Land mit Würde vertreten und nicht von welschem Tand ostasiatischer Provenienz entstellt werden. Aber ein neuer Einfluß deutet sich bereits vorteilhaft an: Ein leichtes Bücherregal aus naturbelassenem Fichtenholz aus der Produktion einer nordischen Firma, ein kleines Sportgerät aus Gummi und Aluminium, das als Rauchtischchen dient, lassen Vortreffliches hoffen. Ich vermutete gleich, es muß hier jene holde Untermieterin zu Werke gegangen sein, deren stillen Zauber ich schon vor zwei Wochen – und dies ganz ohne ihr Zutun – im Stiegenhaus bemerkt hatte. Lange brauchte ich nicht zu stöbern, bis ich ein Foto von ihr in der Hand hielt. Gertrud Eichberg, ledig, 28 Jahre jung, ist Reiseleiterin und, wie ich ihrem Tagebuch entnehmen konnte, viel unterwegs. Dennoch strahlt ihre Wohnung ein heimeliges, zugleich ganz beredtes Schweigen aus, das so gar nicht zur Rastlosigkeit ihres Berufes passen will. Diese junge Frau jagt mit »Dr. Tigges« eigentlich nur um den Globus, um wieder heimzukommen. Sie ist eine Suchende. Ein junger Gatte freilich könnte sie zwar vor den Brautaltar, aber sicher nicht durchs Leben führen. Das hat Gertrud selbst erkannt: »Du kotzt mich an«, schreibt sie in einem Briefentwurf an einen gewissen »Hermann« aus Düsseldorf, dessen juvenile Ausdrucksweise sie bewußt nachahmt, um ihm auch noch im Laufpaß verständnisvoll zu begegnen. Nein – nur der erfahrene Mann mit der Welt im Rücken versteht es, die Wogen der aufgewühlten Seele einer solchen blutjungen Frau mit dem Öl der Weisheit zu glätten.

Versuchsweise habe ich in Gertruds Bett schon einmal Platz genommen und über eine zwiesame Zukunft nachgedacht. Die Bequemlichkeit ihrer Schlafstatt ließ meine Phantasie ein wenig von der Leine. Gertrud erschien mir im Traum, und die verschwenderischen Rundungen ihres knabenhaften Körpers wiederholten symbolisch das Wechselspiel von Berg und Tal in einer paradiesischen Landschaft, über die ich als freigebiger Sämann mit prallem, unter dem Bauche geschnürten Sack hinwegschritt. Als das Trugbild erschlaffte, wachte ich auf – und Herr Rößke stand vor mir. Er riß mir Gertruds unterste Leibwäsche, die ich zum Schutz vor dem allzu hellen Nachmittag vom Wäscheberg genommen hatte, aus dem Gesicht und starrte mich entgeistert an. Er fühlte sich wohl ertappt bei dem Versuch, in Gertruds Wohnung Stoff für seinen hemmungslosen Drang zu finden. Wie jeder gefaßte Delinquent versuchte er, die Schuld auf den Entdecker abzuwälzen. Auch seine dreist aus der Tasche gelogene Ausrede verfing bei mir nicht. Ich wartete ab, bis er mit dem Blumengießen fertig war, und schaffte ihn dann durch die Tür, um die Intimsphäre meiner Künftigen zu schützen. Gerade jetzt, wo dem Haus durch die Innigkeit von mir und Gertrud ein Mehr an Einklang zugewachsen ist, müssen wir zusammen verhüten, daß das weiße Banner des Hausfriedens durch Schmutzfinken von Rößkes Couleur befleckt wird. Deshalb habe ich gleich nach dem vereitelten Einbruch das Schloß in Fräulein Gertruds Türe austauschen lassen. Sie kann die neuen Schlüssel nach ihrer Rückkunft aus Rio bei einem

Tête-à-tête am Rehkitzsteig abholen. Wenn sie sie dann überhaupt noch braucht ...

Ein durch Liebe verjüngter Hauswirt grüßt Sie

Ihr Dr. Pachulke

Berlin, in der 39. Woche 1993

Liebe Mieter und Untermieter!

Die Fassade ist das Gesicht eines jeden Hauses. Und wie ein Lächeln das Mienenspiel erhellt, so kann ein gelungener Blumenschmuck am Balkon die steinerne Grazie der Straßenfront zum Klingen bringen. Die Beletage des Vorderhauses kann uns hier zum Beispiel dienen, und nicht umsonst hat die dortige Veranda den diesjährigen Umweltpreis für Hausbegrünung im Wohnbereich erhalten. Die Herren DePaoli und Prellnitz, die diese Auszeichnung anläßlich einer Feierstunde auf dem Trottoir einheimsten, vergaßen nicht, ihren Prinzipal in der Dankesrede zu ehren und damit den Staatssekretär eklatant ins Unrecht zu setzen, hatte dieser doch seine abgefeimte Eloge ganz allein auf die gärtnernden Mieter konzentriert, wie es in seiner Parteiung üblich ist. Dazu paßte das Verhalten der sensationsgierigen Journaille, deren Blitzlichtgewitter nur den beiden notorischen Junggesellen galt, die ja nun wahrlich nicht als Vorbild für unsere Jugend dienen können. Dabei hatte der Hauswirt am Erfolg jener Blumenbuben ein gehöriges Wörtchen mitzureden. Die kritische Begleitung ihrer botanischen Klonungen und Zuchtvorhaben auf dem Balkon erst hat es vermocht, sie zu höheren Ehren zu spornen. Ständig schwebte über dem Rankwerk das Fallbeil unserer Hausordnung, die Grünzeug am Bau generell verbietet. Ich mußte Sondergenehmigung erteilen und wöchentlich erneuern. »Die Zensur schärfet den Stil«, schreibt der deutsche Poet in seiner Ode an eine Glockengießerei. Davon habe ich mich – und wie ich jetzt wieder sehe: zu Recht – immer leiten lassen. Trotz der staatlichen Anerkennung bleibe ich aber bei meinen Vorbehalten gegen übertriebene Gartenkunst in Blumenkästen. Das Gewürmgezücht in den Töpfen dieser subtropischen Gewächse lockt doch nur Wühlmäuse, Kakerlaken und gefräßige Molche herbei. Und damit nicht genug: Wenn diesen Ratten der Krume das üppig wuchernde Angebot des Blumentopfes zu eng geworden ist, treibt sie Freßwut und Gier in die Fugen des Gemäuers, wo sie wertvolle Bausubstanz zerstören – ohne jedes Innehalten. Nein – solcher Lemurenspuk muß in die Schranken verwiesen werden, noch bevor er beginnen kann, und es ist meine ureigene Pflicht als Eigentümer, Sie alle zu beschützen, bevor äffische Gecken mit weibischer Floralneigung die statische Konstruktion gefährden, um schließlich die arglose Mieterschaft unter sich zu begraben. Außerdem kann es doch nicht ausgemachte Sache sein, daß zwei selbstverliebte 175er der Damenschaft unserer häuslichen Schicksalsgemeinschaft quasi Hörner aus Orchideen und Trichinen aufsetzen, aus denen die hysterischen Volkstribune unserer Obrigkeit ihren Propagandahonig saugen. Unter den Händen wirklicher Frauen hingegen sprießt der Samen indessen zu Schönheit und echter Anmut. Ich möchte hiermit alle Mieterinnen und Untermieterinnen auffordern, in den gedeihlichen Wettstreit einzutreten und den hochmütigen Hochparterrelern zu zeigen, was eine Harke ist. Mit der deutschen Geranie ist doch allemal mehr

Staat zu machen, als mit Mohn, Raps und anderen Nachtschattengewächsen aus der Familie der Opiate, deren Sonne nicht von ungefähr die Finsternis ist.

Heute morgen brachte die Zeitung ein Bild der von den Miasmen ihrer Erdgeburten berauschten Visagen unserer ach so gepriesenen Floristen, wie sie unisono triumphierend ins Okular grinsten, und erst da ging mir auf, welches abgekartete Spiel hier getrieben wird. Eine ganz gewiß mit Buketten bestochene Jury hat hier diese beiden stadtbekannten Böcke zu Gärtnern gemacht, um ihre stets vom Konkursrichter beäugte Blumenbinderei in der Rochstraße kommerziell anzufeuern. Aber diesmal hat das Pärchen sich in seiner besinnungslosen Raffgier verkalkuliert. Ihr überwuchernder Mißwuchs auf dem Balkon gerinnt doch nur zu einer marktschreierischen Reklameplakatierung, die ich diesen Geschäftemachern voll in Rechnung stellen muß und werde. Eine knappe Verdoppelung der nunmehr teilgewerblichen Miete halte ich dabei für einen absolut fairen Kompromiß.

Durch die Blume darf Sie grüßen

Ihr Hausherr Dr. Pachulke

Berlin, in der 40. Woche 1993

Liebe Mieter und Untermieter!

Ich bin keiner, der heute Hü und morgen Hott sagt. Ein feingesponnenes Netz von felsenfesten Überzeugungen durchzieht mein Hirn – und es läßt sich nicht von Tagesaktualitäten auch nur um einen Fußbreit zertreten. Ich bin kein Kutschki aus dem dritten Stockwerk, der er es ja geradezu darauf angelegt hat, mit mehreren Zungen gleichzeitig zu sprechen und zu handeln. Gestern noch parkt er seine überteuerte Karosse aus schwedischer (!) Produktion angeberisch vor dem Haus, heute schon holt er sein Fahrrad hervor, um sich bei seinen jugendlichen Mitmietern schnöde anzubiedern. Dabei schämt er sich keinen Moment, daß seine verkümmerten Muskeln es nicht mehr vermögen, die morschen Knochen über die Stange eines Herrenrades zu heben, und er sich wohl oder übel mit einem Damengestell bescheiden muß. Die Torheit des Alters kennt im Falle Kutschki keine Grenze! Ich dagegen bleibe bei jeder einzelnen meiner Ansichten, und wenn Sie mich in zehn Jahren wieder darauf ansprechen, werden Sie prompt dieselbe Entgegnung bekommen.

So ist es denn auch kein Wankelmut, wenn ich von meinem Versprechen Herrn Dr. Wülfing gegenüber zurücktreten muß, da die Verhältnisse ihm nicht mehr entsprechen. Er hatte mich letzte Woche gebeten, den Wasserabfluß seines Balkons im Hochparterre zu reinigen, nachdem sich schon mehrmals Regenwasser dort angestaut hätte. Ganz in Sorge um das Wohlergehen meines gewerblichen Mieters sagte ich ihm zunächst zu, die Sache umgehend in Ordnung zu bringen. Erst später, als ich einen Kostenvoranschlag eingeholt hatte, fiel es mir wie Schuppen von den Augen, daß ich einer unverschämten Lüge aufgesessen war. Größere Regengüsse hatte es in letzter Zeit ja gar nicht gegeben! Die Überschwemmung muß also wohl aus der Praxis des Zahnarztes rühren, wo mit giftigen Tinkturen und Eiterflüssen bekanntermaßen täglich hantiert wird. Nun will man mir die kostspielige Entsorgung des Sondermülls wie einen Mühlstein an den Hals hängen. Ungeheuerlich! Und das von einem Vertreter der zahnärztlichen Zunft, die sich über Geldmangel doch nie beklagen konnte!

Ich frage mich sowieso, wozu Herr Dr. Wülfing einen Balkon so dringend benötigt. Gut, seine aufgetakelte Sprechstundenhilfe schmaucht dort hin und wieder einen Glimmstengel. Aber geschieht das nicht nur, um unbeteiligten Passanten herausfordernd ihre übergroßen, vielleicht künstlich verstärkten Brüste zu präsentieren, die ihren weißen Kittel fast sprengen? Wie oft schon haben Halbwüchsige an der Ecke Halt gemacht und Maulaffen feilgehalten, während die Vorzimmerdirne oben ihren hypnotischen Einfluß auf die Pennälerhirne auskostete. Im Stiegenhaus dagegen gibt die Exhibitionistin sich schamhaft und schreckt sogar vor den unvermeidlichen Berührungen ihrer leiblichen Ausuferung mit spitzem Schrei zurück. Kein Wunder, daß sie unverheiratet geblieben ist und nur dem Kurpfuscher zu Willen, sobald er den Bohrer einmal sinken läßt.

Aber auch wenn der lasterhafte Zahnklempner mich zum besten halten wollte, ich bin ihm nicht ernstlich böse. Schließlich hat er es mir erst mit seinem impertinenten Nötigungsversuch wieder vor Augen geführt, wie sehr ich von jeher Balkone verabscheue. Nichts gegen eine gepflegte Terrasse, wie ich sie hier bei mir am Rehkitzsteig mein eigen nenne. Man blickt auf Rabatten und Gartenzwerge und wird ganz eins mit der Natur. Ein Stadtbalkon hingegen ist dazu verdammt, zum Sammelreservoir von Ramsch und Gülle oder zum Kontakthof der Eitelkeiten zu verkommen. Da kann es nur noch den Schlichtesten verblüffen, wenn der unerforschliche Herrgott diesen Sündenpfuhl mit einer punktuellen Sintflut wegzuschwemmen versucht.

Ab sofort ist das Betreten der Balkone allen Mietern tabu. Ich werde in der kommenden Woche persönlich die Balkontüren hermetisch verriegeln und die entsprechenden Schlüssel einziehen. Bis dahin ist aller Unrat von dort zu entfernen. Bei den Demirels im zweiten Stockwerk habe ich schon einmal den Anfang gemacht. Das orientalische Gezeter und Gemordio der krummbeinigen Türkin habe ich dabei souverän überhört. Denn was will der Mieter eigentlich? Ein gewärmtes Dach über dem Kopf oder einen zugigen Zeltplatz am

Gebäude? Eben! Ich hätte sogar nicht übel Lust, diese schwärenden Narben im Antlitz meines Gebäudes gänzlich abschlagen zu lassen. Lassen Sie es bitte nicht soweit kommen ...

Schöne Grüße aus dem Grünen

Ihr Hausherr Dr. Pachulke

Berlin, in der __41.__ Woche 1993

Liebe Mieter und Untermieter!

Ich bin weiß Gott nicht prüde. Viele meiner Kameraden in den Zeiten des Wiederaufbaus hielten mich sogar für allzu freizügig. Meine Haltung zur Nacktkultur war damals gewiß auch provokant. Wann immer es ging, entledigte ich mich meiner Kleider und befreite die Füße vom einschnürenden Schuhwerk. In jenen Tagen erwanderte ich mir Deutschland und kümmerte mich einen Dreck um die Empörung der Spießer, denen natürliche Hygiene ein Dorn im Auge war. Lieber setzten diese Deodorants ein oder wuschen sich panisch. Die heutige Verrohung der Kleidersitten billige ich aber nicht, denn die jungen Leute stellen doch bloß ihre blanke, von der Sonne geschundene Haut zur Schau und tragen sie ungeniert zu Markte, wo sie auf dem Altar der Kopulation geopfert wird. Nein – diese Dinge gehören in die Innenräume. Nicht zuletzt deshalb habe ich die Nacht zum Sonntag in unserem Hause verbracht und mich umgehorcht. Aus der Erfahrung dieser Stunden kann ich mit Fug und Recht behaupten, den Grund zu kennen, warum unser Volk sich so atemberaubend verringert. Lediglich in der Demirelschen Wohnung hörte ich reges fremdsprachiges Treiben. »Üllügü, üllügü, üllügü«, schnaufte es mehr als vernehmlich hinter der Abschlußtür, während unsere Volksgenossen untätig in ihren Kammern herumsaßen und das unappetitliche ethnische Hörspiel stumpf über sich ergehen ließen. Erst als Herr Rößke und der junge

Herr Seibert mit Mädchen im Schlepptau die Treppe hinauflärmten, faßte ich wieder Hoffnung. Aber falsch! Nachdem die vier in der geräumigen Wohnung im dritten Stockwerk verschwunden waren, hatten sie nichts Besseres zu tun, als den Fernsehapparat anzudrehen – weit über Zimmerlautstärke. Nun weiß ich genau, was die privaten Programme um diese vorgeschrittene Stunde am Wochenende versenden: Filme, die stets mit einem Fuß im Geschlechtlichen stecken. Dabei erreichen deren Erfinder nur das Gegenteil ihrer an sich guten Absichten, denn diese Bilder halten die Zuschauer eher ab, als sie zu stimulieren. Im Falle Rößke-Seibert konnte ich mich selbst davon überzeugen. Nicht daß ich voreheliche Kontakte dieser Art verteidigen möchte, aber wenn die Frauen schon einmal in der Wohnung sind ...

Auch ich kenne die Wonnen der Damenschaft, bin aber zu abgeklärt, als daß es mir vorderhand nur um Penetration und überstürzten Erguß ginge. Gleichwohl darf ich die Hände nicht in den Schoß legen. Mein Haus ist schließlich kein Kloster. Nichts weniger als der Fortbestand unserer Hausgemeinschaft über die Jahrtausendschwelle hinaus steht auf dem Spiel. Der Anstieg der Geburtenrate in unserem Hause muß in nächster Zeit unser vorderstes Ziel sein. Dazu will auch ich aus meinem Säckel etwas zuschießen. Der erste Sohn, der unter meiner Ägide geboren wird, soll meinen Namen tragen. Ich werde ihm als Pate bei meiner Hausbank ein Konto eröffnen und es mit einem Startgeld von fünf Mark versehen

(Scheinschwangerschaften und Rechtsweg ausgeschlossen). Überdies darf diese Frau gesegneten Leibes ihren Wagen ausnahmsweise für die letzten drei Wochen guter Hoffnung in der Toreinfahrt parken, ohne daß ich ihn wie sonst behördlich entfernen lasse. So kommt sie im wehen Notfall noch zügiger in den Kreißsaal des nächstgelegenen Siechenhauses, denn von Hausgeburten halte ich gar nichts. Den Dreck, der da gemacht wird, wiegt der arme Wurm kaum auf, falls er die schmuddelige Prozedur überhaupt überlebt.

In den nächsten Wochen werden Sie mich auch in den Nachtstunden häufiger im Hause sehen, wo ich den Fortgang der Dinge persönlich überwache und Ihnen – wenn nötig – auch als erfahrener Mann und Vater zur Seite stehe.

Voll fruchtbarer Erwartung!

Ihr Hausherr Dr. Pachulke

Berlin, in der 42. Woche 1993

Liebe Mieter und Untermieter!

Wer sich in Gefahr begibt, kommt darin um. Die Fortdauer dieser alten Regel hat der kleine Lukas Demmler aus dem Souterrain letzthin am eigenen Leib erfahren müssen, als er die Stufen vom vierten ins dritte Stockwerk hinabkullerte. Das kümmerliche Bündel Mensch wimmerte nicht zu Unrecht, hatte es sich doch das Schlüsselbein mehrfach gebrochen. Aber dennoch: Die Lektion dieses Unfalls erhält man besser in jungen Jahren als im Alter, wo es dem störrischen Geist an Formbarkeit ermangelt. Der nachgerade klinische Übermut des hypermotorischen Arbeiterkindes hat es jetzt ins Spital gebracht. Wie oft habe ich die Demmlers eindringlich vor dem Unausweichlichen gewarnt, doch sie stellten sich blind und wollten nicht hören. Schienen, Gips und Schrauben müssen jetzt diese Starrsinnigkeit wieder geraderichten.

Ein Unglück kommt selten allein. Die Gravitation des Schreckens verbreitet sich gleichsam in konzentrischen Kreisen und greift nun nach mir, um auch mich hinabzuziehen, wenn man mit meinem geliebten Heinrich George sprechen will. Dr. Kutschki, den ich inzwischen schon als den Anwalt des Bösen durchschaut habe, hat sich an die unbedarften Demmlers herangewanzt, um mir Gelder abzupressen. Sein fühlloses Kanzleischreiben kommt gleich nach dem förmlichen Gruß frech zur Sache. »Schmerzensgeld«, »eingeschränkte Berufsfähigkeit« und »Wiederherstellung der Verkehrssicherheit« heißen die Formeln seines Nötigungsversuchs. Aber mit seinem Juristenzauber ist der Winkeladvokat aus dem dritten Stockwerk bei mir an den Falschen geraten. Den Straßenterminus der Verkehrssicherheit auf das Treppenhaus anzuwenden, ist für sich schon absurd, noch lächerlicher wird es, wenn alles sich um einen nicht mehr ganz fabrikfrischen Kokosläufer dreht! Ich frage Sie: Wer fährt schon mit Autos über die Etagen?

Niemand kann diese erbärmliche Zuschrift lesen, ohne nicht auch über die darin erwiesene geistige und körperliche Krankhaftigkeit dieses notorischen Paragraphenreiters erschüttert zu sein. Er bildet eine neue, schwarze Gischtkrone auf der Flutwelle des Irrsinns unserer heutigen Jurisprudenz. Da will man den Hauswirt für die Abenteuerlust von Lausebengeln verantwortlich machen, bloß weil theoretisch einige aufgeworfene Fäden am Läufer dem Unachtsamen zur Stolperfalle werden könnten. Demnächst muß ich wohl auch noch Begräbnisse bezahlen, Hinterbliebene trösten und überhöht abgeschlossene Versicherungen befriedigen, nur weil etwa ein Orkan einen losen Ziegel vom Dache geweht hat. Bei alledem unterschlägt der Herr Doktor die entscheidende Ungenauigkeit in der Einlassung des kleinen Lukas: Was hatte der vorwitzige Knilch überhaupt so weit oben im Hause zu suchen? Seine Wohnung im Souterrain legitimiert ihn doch überhaupt nicht zur Nutzung des Kokosläufers. Es kann doch nicht angehen, daß rotznäsige Flegel im Hause Unfug und Allotria auf Etagen treiben, die ihnen gar nicht offenstehen. Einmal mehr hat sich hier angemaßte Freizügigkeit ungezügelten Spielraum verschafft – und das auch noch unter dem Beifall von verantwortungslosen Erziehungsberechtigten. Wohin das führt, sehen wir ja jetzt. Fürderhin ist es einer jeglichen Mietsperson – ob jung oder alt – strengstens untersagt, sich räumlich über ihr Wohnniveau zu erheben.

Ich bin mir allerdings noch nicht ganz im klaren darüber, ob es sich bei dem fraglichen Knochenbruch tatsächlich um einen Treppenunfall handelt. Könnte es nicht auch sein, daß der fanatisch praktizierende Katholik Demmler wieder einmal seine vom Psalmodieren der Rosenkränze vertrocknete Kehle mit dem Blut Christi befeuchtet hat, wozu ein schwerer Rotwein gerade gut genug ist, um dann in religiöser Extase den Sprößling zu exorzieren? Ein rachitisches Schlüsselbein ist da schnell gebrochen.

Solchen Frömmlern kommt der Advocatus Diaboli Kutschki gerade recht, der das arme Opferlamm dem Patron unterschiebt, um dafür seine überzogenen Gebühren als Judassold einzuheimsen. Aber ich werde mich nicht zum Ministranten dieser Meßdiener machen lassen und die durch jahrelange Mangelernährung brüchig gewordenen Knochen der Demmlers mit meinem Gelde aufwiegen. Gegen dieses Unrecht werde ich mit heiligem Eifer kämpfen! Wer seine Augen am Boden hat, dem kann in meinem Hause nichts zustoßen, wer dagegen immer nur den Himmel nach Luftschlössern absucht, der sollte sich an die eigene Nase fassen, wenn er stürzt ...

Mit der bestmöglichen Fürbitte grüßt Sie

Ihr Hausherr Dr. Pachulke

Berlin, in der 43. Woche 1993

Liebe Mieter und Untermieter!

Ich besitze ein scharfes Auge. Immer haben mich andere wegen meiner alles durchschauenden Auffassungsgabe beneidet. Ich bilde mir darauf nichts ein, im Gegenteil. Nicht selten ist es eine Bürde für mich, dem Mitmenschen direkt in die Seele blicken zu können. Vor allem, wenn etwas im argen liegt, ist mein unbestechliches Urteil nicht immer willkommen.

Meine Rundgänge im Hause führen mich stets auch an menschlichen Dramen vorbei, vor denen ein anderer nur zu gerne die Augen verschließt. Aber ich versehe mein Amt eben nicht nur im Sonnenschein, auch bei Regen und Traufe trete ich furchtlos in den Schlagschatten des Ungemachs und stelle meine Pflicht nicht unter den Scheffel. Manchmal allerdings ist ein gnädiges Licht weniger erhellend als die Dunkelheit. Die Zeitschaltung in unserem Treppenhaus habe ich aus ökologischen Erwägungen heraus verkürzt, aber nicht nur unsere Umwelt profitiert davon. Vorgestern, als das Licht erlosch, konnte ich im Schutze der jähen Finsternis eine interessante Beobachtung machen. Herr Rößke empfing – dem schmatzenden Geräusch nach zu urteilen auch mit direktem Kuß – seine Nachbarin Frau Faerber-Husemann in seiner Wohnungstür. Als dieser Vorfall sich am folgenden Abend mit der Präzision eines Uhrwerks wiederholte, konnte ich nicht umhin, Herrn Faerber eine kurze

Aufwartung zu machen, in deren Verlauf ich ihn umfassend über die außerehelichen Aktivitäten seiner Frau ins Bild setzte. Treuherzig wie der Gute nun einmal ist, hatte er den fadenscheinigen Vorwänden seiner Angetrauten Glauben geschenkt und verteidigte sie zunächst. Erst als ich ihn mit den schimpflichen Praktiken seines Hausgenossen vertraut machte, kam er ins Sinnieren. Schließlich bin ich selbst ein durch Rößke Geschädigter. Meine Tochter Dagmar ist auch einmal in die Fänge dieses Hallodri geraten, und nur mit Mühe gelang es mir, sie von ihm wieder loszueisen. Ich verließ einen völlig verstörten Herrn Faerber und inspizierte kurz das Hinterhaus. Wenig später konnte ich ungewollt mitanhören, wie Herr Faerber seiner wohl vom Liebesakt eben schweratmend zurückgekommenen Gattin lautstarke Vorhaltungen machte. Lügen, Tränen, Schwüre! In der Hitze des Wortgefechtes kam sogar Unfruchtbarkeit aufs Tapet. Das allerdings hat mich keineswegs erstaunt, ist doch unter anderem der fehlende Kindersegen ein deutliches Indiz dafür. Dabei stellt sich natürlich die Frage, bei welchem der Partner der Defekt nun liegt. Mir scheint, daß auch Herr Faerber nicht ganz unschuldig an der Situation ist, da man doch nicht einfach zuwarten kann, bis etwa der Storch die Kinderlein auf dem Präsentierteller abliefert. So verklemmt, wie er sich im Gespräch von Mann zu Mann gegeben hat, kommt man nicht zum unaussprechlichen Letzten. Da ist Herr Rößke doch von zupackenderer Natur. Dagmar mußte damals abtreiben. Als das Zerwürfnis dem Eklat zustrebte, hatte ich mich vollständig kundig gemacht und konnte gehen. Bei einer Tasse heißen Kaffees im Souterrain unserer Hauswartsfrau geriet ich in Überlegungen zur künftigen Nutzung der durch das Zerwürfnis vakant werdenden Räumlichkeiten des gescheiterten Paars. Für die Zukunft sollen Vorkehrungen getroffen werden, so daß sich nicht wieder Rohrkrepierer wertvollen Wohnraum mit vermeintlichen Vermehrungswünschen erschleichen. So wie Herr Faerber sich am Lapsus seiner Frau förmlich hochzog, ja, eigentlich sogar befriedigte, kann man keine Familie ins Glück führen. Das ist ganz die Art moralisierender Eunuchen, die selbst noch nicht zum Zuge gekommen sind. Und auch die Nachricht vom folgenden Tage, als mir Frau Faerber-Husemann mit glänzenden Augen im fettgeschminkten Gesicht von ihrer Schwangerschaft erzählte und wohl auch meine Gratulation erheischte, konnte mich nicht irremachen. Nach den Ereignissen der vorigen Woche muß ich die Tauglichkeit von Herrn Faerber zum Vater doch stark in Frage stellen. Wenn er es überhaupt ist: Nach einem entsprechenden Test möchte ich sogar eheliches Blutvergießen auf der Etage nicht gänzlich ausschließen.

Hand in Hand durchs fruchtvolle Leben! Das wünscht Ihnen

Ihr Hausherr Dr. Pachulke

Berlin, in der 44. Woche 1993

Liebe Mieter und Untermieter!

Wie in der Hausgemeinschaft ist auch in der Musik die Harmonie das Wesentliche. Sogar der Goldfisch ist nach Erkenntnissen der Wissenschaft für sie empfänglich. Gemeines und Hohes vereinen sich im anerkannten Wohlklang. Leider haben auch in der zeitgenössischen »Komposition« die Dissonanzen zugenommen und sind damit ein getreuer Spiegel des Zustandes unseres Gemeinwesens. Moderne Kakophonien liefern den erbärmlichen Rhythmus zu Hütchenspiel, Handtaschenraub und Hurerei. Deshalb sieht man mich auch nicht mehr in den Konzertsälen unserer Stadt, wo ich mit dem Abonnement meiner geschiedenen Frau auch heute noch Zutritt hätte, und beschränke mich notgedrungen auf die Lektüre von Partituren. Ein Name vom Range eines Horowitz vermag es allerdings immer noch, mich in das erlesene Publikum der Kenner zu mischen, um des tonkünstlerischen Erlebnisses teilhaftig zu werden. Wie gut, daß letzte Woche Aal auf meinem Speisezettel stand! Meine frugale Leibspeise war von der Marktfrau in ein Stück Zeitung gewickelt worden, und wohl die Musen selbst lenkten meinen Blick auf eine vom Fischtran nur mäßig getränkte Konzertanzeige.

Der Veranstaltungsort war mir noch vom Sechstagerennen her bekannt, und ich mußte mich wundern, daß ein Pulk verwahrloster Jugendlicher dem Auftritt des greisen

Großmeisters entgegenfieberte. Wer sich – wie ich – einem musikalischen Ereignis zu nähern glaubte, wurde durch ein Polizeiaufgebot vor den Eingängen korrigiert, das nach Umfang und Arrangement nur dem Empfang einer Gangsterbande dienen konnte. Im Innern des Saals glich die gespenstische Szenerie einer öffentlichen Kriminalveranstaltung. Auf den Rängen der Arena hockten Menschen in der Haltung exaltierter Affen, während – um es gelinde auszudrücken – auf dem Hallenboden das Inkommensurable mit dem Niedrigsten gleichsam koitierte. Spätestens als man mich rempelte und als »Opa« titulierte, hatte ich begriffen, daß ich einem Betrug aufgesessen war. Hier spielte gar nicht der alte, sondern ein viel jüngerer Horowitz mit seinem Ensemble »Beastie Boys«. Aber ich wäre kein Pachulke, wenn ich nicht aus dieser Situation das Beste zu machen verstanden hätte. Ich beschloß, mir das Konzert bis zum vollem Ende anzuhören und den Wert der überteuerten Karte vollständig zu erschöpfen. Und da kamen auch schon die Hauptakteure, in ihrem Äußeren und ihren gestischen Äußerungen eine Mischung aus Halbstarken und Harlekinen. Ohne sich vorzustellen, begannen sie zu schlagwerken, zu zupfen und zu singen. Lärmende Pubertät! In diesem Bombardement aus Geheul und Getöse konnte ich dennoch nicht umhin, mich meiner eignen Jugendzeit zu erinnern, die ich in den Gräben des Krieges verbracht habe. Wie unter schwerem Beschuß begann auch ich zu beben und wurde eins mit dem heroischen Ritual des Vaters aller Dinge. Neben mir sah ich Träger platzenger Hosen, geschüttelt wie von verschluckten Maschinenpistolen, Schulmädchenkörper zuckten wie von Salven getroffen. Selbst in diesem infernalischen Hades spürte ich im jungen Horowitz, der sich stakkatoartig über den Tasten entlud, die Begnadung des Vaters, jenes Sturms der russischen Steppe, jenes Titans der Taiga.

Nach gerade einmal 84 Minuten war der Zauber vorbei, und ich bat danach noch einige junge Leute, die offenbar so hygienisch veranlagt sind, daß sie ihr Kopfhaar mit der Rasierklinge entfernen, auf ein Bier in ihr Stammlokal. Ich war überrascht zu bemerken, daß die Insignien der vergangenen Zeit auch heute wieder mit einigem Stolz getragen werden. Zudem haben mir die Heranwachsenden schnelle und unbürokratische Soforthilfe angeboten, falls es einmal Ärger im Hause geben sollte. Ganz unvermittelt mußte ich dabei an die ausufernde Großfamilie Demirel denken, welche den auf Eintracht gestimmten Kammerton unserer Wohnstatt mit hündisch jaulenden Muezzinklängen verunstaltet. Da mag es vielleicht uns allen von Vorteil sein, wenn sich auch einmal jüngere Semester diese Herrschaften auf ihre Weise zur Brust nehmen. Aber vielleicht berappelt sich die Sippe noch zum hierzulande Gehörigen. Eine herzhafte Ohrenwäsche, wie ich sie genossen habe, kann da sicher weidlich zuhelfen ...

Noch total erfüllt von Wohllaut

Ihr Hauswirt Dr. Pachulke

Berlin, in der 45. Woche 1993

Liebe Mieter und Untermieter!

Reisen bildet. Und ein gemeinsames Reiseerlebnis höhlt gleichsam den Keller, über dem sich das Gebäude einer Verbindung sicher erhebt. Meiner Geschiedenen habe ich einst im Schatten des Doms von Florenz die Hochzeit angetragen. Aus einem Hain von Palmen und Kiwibäumen blickte eine Bronzeskulptur des Michelangelo auf uns herab – Perseus mit dem Haupte der stolzen Desdemona in der hochgereckten Rechten. Ja, ich kenne meine Sagen, hätte ich doch nur auf sie gehört! Das schlangenumkränzte Musenhaupt war ein schlechtes Omen für die junge Ehe. Dennoch hatte sich der Abstecher in den Süden gelohnt. Nicht einmal sechs Monate später genas meine Gemahlin eines gesunden Töchterleins von gut und gerne sieben Pfund, das wir zu Ehren meiner treuen Collierüdin Dagmar nannten. So kam es mir gerade recht, daß ich eine exklusive Einladung zu einer Bildungsfahrt erhielt, als ich darüber grübelte, in welches Gefäß ich meine Zuneigung zu Fräulein Gertrud Eichberg aus der Wohnung Saupe im vierten Stockwerk rechts ergießen sollte.

Unverzüglich lud ich meine Zukünftige fernmündlich ein. Sie hat eine bezaubernde Telefonstimme. Ohne mein Begehren abzuwarten, plauderte sie gleich munter drauflos, nannte Namen und Telefonnummer und wies mich mit einem verliebten Piepser an, ihr etwas ins Ohr zu flüstern. Wie ich ihr die freudige Nachricht von unserem gemeinsamen Ausfluge überbrachte, erstummte sie vor Erregung, was mir mehr bedeutet als eine bloße Zusage. Es war gewiß ein schamhaftes Nicken am anderen Ende, denn ihre Tugendhaftigkeit verbot es ihr, aus der Verzückung heraus Worte zu formen.

Um vier Uhr dreißig ging es los. Das Ziel der lustigen Reisegesellschaft war Wernigerode im schönen Harz. Als ich mir meine Busgenossen näher betrachtete, hieß ich nachträglich Gertruds Entscheidung für gut, nicht gekommen zu sein. Der Reiseunternehmer hatte eine Schar ältlicher Proleten angeworben, die, kaum daß der vollautomatisch klimatisierte Bus auf die Autobahn gebogen war, schon Frühstücksstullen aus ranzigem Butterbrotpapier nestelten und gierig schmatzend ihre Wegzehrung vertilgten – noch bevor der Hunger kommen konnte. Kein Wunder, daß die kleine Toilette im Heck schnell von unverhaltener Notdurft verstopft und verpestet war. Zum Glück hatten wir unser Ziel schnell erreicht. Ein idyllischer Gasthof gleich an der Schnellstraße bot ein Mittagsmahl zum gefälligen Preis, von dem meine geizigen und nur auf den eigenen Vorteil bedachten Reisegenossen wenig Gebrauch machten. Besonders beim Spargel langte ich gerne zu. Zum Kaffee, den es gratis gab, hatte der Veranstalter eine lehrreiche Präsentation vorbereitet. Ein sympathischer junger Mann erklärte die Vorzüge elektrischer Fußwärmsäcke. Seine Firma war in finanziell bedrängter Situation. Deswegen machte er uns ein günstiges Ausverkaufsangebot. Ich war mit einem Fahrgast aus Thüringen der einzige, der diese Gelegenheit beim Schopfe griff und gleich vier dieser praktischen Geräte erwarb. Die anderen hatten kaum Zeit, mich zu meinem vorausschauenden Geschäftsabschluß zu beglückwünschen, da mußten wir schon weiter.

Eine kleine Festhalle am Rande der Stadt wartete auf uns. Peter Petrell, der aus Funk und Fernsehen namhafte Sänger, empfing uns mit einem fröhlichen Lied, in das wir gern einstimmten. Die Kuchentafel war üppig: Für jeden lag ein großes Stück Rosinenkuchen in Zellophan bereit, sowie eine wohlsortierte Keksmischung. Kaffee konnten wir uns aus Thermoskannen nachschenken. Leider mußte Herr Petrell nach zwei Liedern seine goldene Kehle für weitere Engagements schonen. Ihm folgte ein sehr unterhaltsamer Angestellter eines Wollgeschäftes. Auch bei seinen Rheumadecken aus bester deutscher Industriefaser griff ich entschieden zu und mußte mich einmal mehr über die Weigerung der meisten wundern, ein preiswertes Angebot überhaupt zur Kenntnis zu nehmen. Da erstaunt es nicht, daß diesen kleinkarierten Leutchen der Weg nach oben versperrt geblieben ist. Das gesellige Beisammensein beim Tanz hatte gerade begonnen, als wir zurück in den Bus gebeten wurden, wo jeder mit einem Christstollen, einer leckeren Knoblauch-Salami im Ring (feingewürzt und 350 Gramm schwer) und zwei weihnachtlichen Duftkerzen beschenkt wurde. Die Rückfahrt war von Chorgesang begleitet. Die Flasche kreiste und machte den Pöbel frech. Mein Vorschlag, zu Ehren einer mitreisenden Polin die schöne alte Weise »In einem Polenstädtchen« anzustimmen, wurde von der ausländerfeindlichen Bagage rüpelhaft abgewiesen. Auch gut – so konnte ich abseits des heulenden Rudels meine Gedanken wieder enger an die holde Gertrud schmiegen. Jetzt, wo sich bald Väterchen Frost durch die Fensterritzen stehlen wird, will ich meinen Fußwärmsack mit ihr teilen wie der heilige St. Georg seinen Mantel. Die erste Eisnacht werde ich nutzen, um ihr dieses Unterpfand meiner Liebe persönlich über ihre reifblauen Füßchen zu streifen. Um mich von seiner Wirksamkeit auch in extremen Situationen voll überzeugen zu können, bleibt die Zentralheizung in unserem Hause bis dahin unbefeuert.

Wohlige Novembertage wünscht Ihnen

Ihr Hausherr Dr. Pachulke

Berlin, in der 46. Woche 1993

Liebe Mieter und Untermieter!

Wie im Gemäuer unseres Hauses, so haben auch hinter dem Wall, der Ost und West in unserem Land geteilt hat, ganz normale Menschen gelebt und gearbeitet. Und nicht einmal so schlecht, wie man es nunmehr für opportun hält, dem Volke weiszumachen. Nicht nur, daß man drüben unsererseits mit Jacobs-Kaffee, Persil und Pampers aus dem Füllhorn der Paketpost quasi überschüttet wurde, nein – auch innerhalb des Systems konnten rechtschaffene Leute es zu etwas bringen. Die marxistische Idee mag denkbar schlecht gewesen sein – kam sie doch auf dem Umweg über Rußland –, die Ausführung hingegen gehorchte eigenen, deutschen Gesetzen. So hat man zum Beispiel im Bereich der Gesamtschulung des Volkskörpers den schädlichen Einfluß unfähiger Eltern mit Kinderkrippen weitestgehend zurückdrängen können. Wie oft habe ich selbst mir gewünscht, die Ausformung meiner Tochter den Händen meiner unbotmäßigen, geschiedenen Frau zu entwinden. Da wäre solch ein Kindshorst schon nach meinem Geschmack gewesen!

So kommt es mir jetzt, wo die Kinder unserer Hausgemeinschaft in jenem schwierigen Alter sind, da sie schlimmen Sogwirkungen besonders leicht erliegen, wie eine höhere Fügung vor, daß Frau Bongé im Erdgeschoß des Hinterhauses zwei Stuben bezogen hat. Sie ist erfahren im Umgang mit den lieben Schäfchen und konnte sich mir gegenüber als diplomierte Kraft ausweisen. Auf der anderen Seite des Eisernen Vorhangs hat sie jahrelang den Nachwuchs jenes Staates mit starker Hand in die Model von Ordnung und Sitte gegossen. Leider haben in der neuen Zeit allzu skrupulöse Behörden dem Verfolgungswahn einiger weniger nachgegeben und Frau Bongé mit Schimpf und Schande aus ihrem erfolgreichen Wirken gejagt. Dabei spielte die gehässige Aussage ihres mit unserem Gelde für einen viel zu hohen Betrag aus dem Zuchthaus freigekauften Ehemannes eine äußerst ungute Rolle. Während unseres Vorstellungsgespräches berichtete mir die Amme vom feingesponnenen Netz aus Schutz und Geleit, das den mitteldeutschen Bürger von der Wiege bis zum Grab umfing. Dazu gehörte im Wohnbezirk ein sogenannter Abschnittsbevollmächtigter, dem es oblag, eventuelle Unregelmäßigkeiten unverzüglich an die zuständige Obrigkeit weiterzumelden. Meine spontane Begeisterung veranlaßte mich, ihr vom Fleck weg einen ähnlichen Posten in unserem Hause anzubieten. Der Wahrnehmungssinn unserer Hauswartsfrau Kolschewski ist mir in letzter Zeit zu oft getrübt. Sehr zum Schaden der Gemeinschaft ist es ein ums andere Mal vorgekommen, daß Verstöße doppelt gesehen wurden ...

Zudem wird Frau Bongé für einen kaum nennenswerten Betrag die Erziehung Ihrer – und ich darf wohl auch sagen: unserer – Kinder unter ihre bewährte Kuratel nehmen. Wie die Bäume wollen auch die jungen Menschen an den richtigen Stellen beschnitten sein, um gerade wachsen zu können. Dazu fällt mir Goethe ein: »Aber der Baum und das Kind suchet, was über ihm ist.« Wie kann es mithin angehen, daß diese wichtige Aufgabe häufig wechselnden Babysittern überlassen wird, die doch nur wegen fragwürdiger Videos, Kartoffelchips und Kola kommen – wenn man sich nicht gleich an die Hausbar heranmacht?

Ich appelliere besonders an Ihr Verantwortungsgefühl, wenn ich Sie zum Schluß noch schnell auf einen epidemologischen Vorzug der neuen Maßregel hinweise: Die in der Wohnung Bongé zusammengefaßte Zöglingsschar wird schon in Bälde die Kinderkrankheiten innerhalb einer nur sehr kurzen Zeitspanne gemeinschaftlich absolvieren können. Aus der gräßlichen Geschichte der ansteckenden Massenerkrankungen wissen wir, daß es unheilvoll ist, wenn die Pestilenz an allen Ecken und Enden immer wieder von neuem ausbricht und dann um so unkontrollierter um sich greifen kann. Ich habe in den letzten Tagen schon eine Aufstellung mit den in Frage kommenden Knaben und Mädchen vorbereitet. Frau Bongé wird anhand dieser Liste das Haus abgehen und Ihre Sprößlinge in Empfang nehmen. Das fällige Erziehungsgeld werde ich mit der Miete einziehen.

Zusammenstehen und vorwärtsgehen!

Ihr Hausherr Dr. Pachulke

Berlin, in der 47. Woche 1993

Liebe Mieter und Untermieter!

Es herrscht Krieg, und ich meine damit nicht die verlotterte Levante. Nein – in unserer eigenen Nachbarschaft haben sich die Gewalttäter eingenistet und schrecken sogar vor Straftaten nicht zurück. Unsere Straßen gerinnen zu Mordgruben, wo Banden mit Schlagballhölzern das Recht des Stärkeren unter den Augen tatenloser Schutzmänner nachgerade zelebrieren. Arglose Bürger kommen unter die Räder der Fußtruppen einer Soldateska aus Mafia und Drogenschmuggel. Aber auch die Geborgenheit der Wohnung ist vor heimtückischen Anschlägen nicht mehr sicher. Mein Schwiegersohn Goran Milotinovic kann davon ein Lied singen. Am letzten Sonntag haben maskierte Übeltäter sein eben eröffnetes Speiserestaurant »Crna Ruca« vandalisch heimgesucht und versucht, seiner Familie den mühsam gewebten Flickenteppich ihrer Existenz quasi unter den Füßen wegzureißen. Zum Glück hatte Goran seine Beretta griffbereit und schoß mit zwei Magazinen die Attentäter in die Flucht, eine Sofortmaßnahme, die nicht den Beifall der wie üblich viel zu spät eintreffenden Ermittlungsbehörden fand. Statt den Tätern nachzujagen, machten diese Bürokraten erst einmal Ärger wegen eines fehlenden Waffenscheins. Goran mußte mit auf die Wache. In der Zwischenzeit kamen die Schurken wieder zurück und zerfledderten die Theke mit halbautomatischen Waffen. Wahrscheinlich waren sie erzürnt, weil ihnen die wertvollen Ikonen, die die Wände des Gastzimmers schmückten, entgangen waren. Goran hatte sie schon vorher, als er Böses ahnte, in meine Obhut gegeben, wo sie bis auf weiteres verweilen werden. Ich war natürlich nicht so einfältig, die kostbare Ware in meiner Villa zu deponieren. Stattdessen habe ich alles an einem Ort in Ihrem Haus versteckt. Wo genau, das will ich Ihnen nicht verraten. Nur soviel: Die Preziosen sind bombensicher eingekellert. Diesen Besitz gilt es zu schützen.

Ich habe in letzter Zeit schon häufig bemerken müssen, daß die Schließzeiten der Haustür fahrlässig oder böswillig mißachtet werden. Nur so konnte es beispielsweise passieren, daß am Dienstag Bettelmönche von der Caritas die Ruhe unseres Hauses nach neunzehn Uhr mit ihrer rasselnden Sammelbüchse störten. In Zukunft kann ich es nicht mehr zulassen, daß Fremden die Gelegenheit gegeben wird, auf den Stiegen zu stöbern. Darum bleibt die Pforte nunmehr ganztägig geschlossen, und ich glaube nicht, daß wir im Hinblick auf die zweistelligen Zuwachsraten der allgemeinen Kriminalität diese Maßnahme in nächster Zeit wieder aussetzen können.

Aber auch in der akuten Belagerungssituation müssen wir alle wie ein Baum zusammenstehen. Sie werden sicher mit Bedauern bemerkt haben, daß ich seit Dienstag keine Inspektionen im Haus gemacht habe, um mich, Ihren Prinzipal, aus der Schußlinie zu nehmen und der Gemeinschaft als Ganzem weiterhin unversehrt zur Verfügung stehen zu können. Ich möchte auch Ihnen raten, in der nächsten Zeit verschärfte Vorsicht bei zufälligen Straßenkontakten walten zu lassen und die Kinder zur Schule zu begleiten. Trotz allem dürfen wir Hoffnung schöpfen: Der findige Goran hat die Straftäter identifizieren können. Er wird das Problem ohne die »Hilfe« unfähiger Polizisten von Mann zu Mann lösen. Sobald das geschehen ist, können wir wieder ruhig schlafen.

Vorerst aus der Ferne grüßt Sie

Ihr Hausherr Dr. Pachulke

Berlin, in der 48. Woche 1993

Liebe Mieter und Untermieter!

Neger sind Nomaden. Man tut ihnen keinen Gefallen, wenn man versucht, sie in eine feste Wohnstatt zu zwängen. Nicht zuletzt deshalb beäugt der Neger ein stabil gemauertes Anwesen mit Argwohn und der Angst, daß ihm jeden Moment das Dach auf den Kopf fallen könnte. In geschlossenen Räumen neigt er zur Panik, ganz abgesehen von der unguten Wirkung unserer Heizungsluft auf seine südliche Konstitution. Aus diesem Grunde habe ich bisher auch keinem der heutigentags leider in Scharen andrängenden dunkelhäutigen Wohnungsbewerber Einlaß in die Mietergemeinschaft gewährt. Das ist kein Rassismus, sondern Mitgefühl. Ich trage nur der natürlichen Veranlagung dieser unschuldigen Geschöpfe Rechnung, die mit der Zivilisation auf gespanntem Fuße leben. Schließlich ist mein Haus kein Kral.

So war ich erstaunt, ein Exemplar dieser afrikanischen Gattung im Stiegenhaus zu treffen. In Begleitung von Fräulein Eichberg betrat der Mohr die Wohnung Saupe und verließ sie erst am folgenden Morgen. Was der Savannensohn die ganze Nacht dort gemacht hat, bleibt mir ein Rätsel. Herr Rößke, dem ich ungefähr um ein Uhr (!) nachts auf dem Treppenabsatz begegnete, äußerte eine Vermutung, deren Niedrigkeit mich wieder einmal in meinem Urteil über diesen infamen Untermieter bestätigte und die ich hier nicht wiedergeben kann noch will. Nein, Fräulein Gertrud besitzt Seelenadel. Äpfel und Bananen legt der kluge Bauer nicht in den gleichen Korb – das weiß auch sie. Dennoch habe ich gewartet, bis sie den schwarzen Mann am gar nicht mehr so frühen Morgen verabschiedete. Er schien noch ganz erschöpft. Wahrscheinlich war er die ganze Nacht über wie eine eingepferchte Antilope im Zimmer nervös und verängstigt von Wand zu Wand gerannt. Häschen in der Grube, dachte ich bei mir und begann, das Dschungelkind zu bedauern. Dennoch konnte ich nicht umhin, ihn im Flure um seine Papiere zu bitten: Reisepaß, Aufenthaltsgenehmigung, Asylantrag, Sozialcoupons, das alles natürlich polizeilich bestätigt und gestempelt. Der Ärmste war arg verdattert. Ich hatte schon erwartet, daß er mir mit Ausflüchten kommen würde – übrigens in flüssigem, sogar berlinerisch eingefärbtem Deutsch, gerade so, als könne er damit seine durch die tintige Hautfarbe bestimmte Herkunft akustisch verbergen. Als er sich in die Büsche schlagen wollte, packte ich ihn am Schlafittchen. Zum Glück kam die Bongé just in diesem Augenblick dazu und erklärte sich sofort bereit, diesen besonders eklatanten Fall von Asylmißbrauch und Sozialbetrug telefonisch mit der Fremdenpolizei zu ahnden. Bevor das geschehen konnte, stieß Fräulein Gertrud in unsere Mitte. Sie trug einen reizenden Frotteebademantel von seidigem Flausch, der ihrer Erscheinung etwas Hohes, Unberührbares, ja fast Unwirkliches verlieh. Ihre milde Stimme klärte sofort die Situation. Ich ließ den Neger laufen und verabredete mich mit der Dame meines Herzens zu einem Rendezvous. Leider kann es im verklingenden Jahre nicht mehr stattfinden, weil Fräulein Gertrud den Neger erst noch zu seinem Stamm nach Portugal begleiten muß. Wie sehr unser beider Herzen gleichgeschaltet sind, habe ich auch an dieser ihrer Absicht erkannt, ethnischen Mißwuchs diskret zu beseitigen und einer heimisches Erbgut bewahrenden Tradition wieder auf sanftem Wege zur Geltung zu verhelfen. Soviel ist sicher: Dies wird der letzte Neger in meinem Haus gewesen sein.

Im Sinne der Völkerfreundschaft grüßt Sie

Ihr Hausherr Dr. Pachulke

Berlin, in der 49. Woche 1993

Liebe Mieter und Untermieter!

Warum werden immer die Besten unseres Volkes allzufrüh aus der Blüte ihrer Tage gerissen? Könnte es nicht besser die Klapprigen und Nörglerischen treffen, die nicht von ungefähr ihres fruchtlos verronnenen Lebens längst überdrüssig sind? Frau Wohlfarth aus dem vierten Stock ist doch jeder Aufgabe bar, seit der Krebs ihren Mann von der Prostata her aufgezehrt hat, und sie täuscht sich über diesen Verlust nur noch hinweg, indem sie die Demmlerkinder und die Brut der Demirels zu sich hinauf lockt, um sie mit klebrigem Konfekt zu mästen. Sie ist eine Drohne der Hausgemeinschaft, genauso wie Herr Riedel aus der dritten Etage des Hinterhauses, der die anderen Mieter tagaus, tagein mit den Klängen von welschen Komponisten des Schlages Chopin und Delacroix aus seinem Piano quält. Um fünf Uhr nachmittags! Eine ungeheure Rücksichtslosigkeit! Der Russe würde da kurzen Prozeß machen. Stattdessen fällt die blinde Wut des Sensenmannes grundlos und aus heiterem Himmel die verdientesten Männer wie Bäume aus der Mitte unseres Hauses.

Gepolter und Lärm auf den Stiegen, mit denen Gäste unserer Mieter üblicherweise ihren Besuch glauben ankündigen zu müssen, blieben in der Nacht zum 2. November aus, als ein weit stillerer Zeitgenosse sich seinen Weg auf die Etagen bahnte. Aber er kam nicht bis nach ganz oben, sondern gab schon in der Wohnung Placzek im ersten Stockwerk des Hinterhauses seine Visitenkarte in Form eines fachmännisch geknoteten Hanfstricks ab. Mit einem Ruck holte der Schnitter Tod meinen Freund – Ihren Hausgenossen! – Horst Placzek zu sich. Wie sehr die Leere und die Kälte unserer Zeit die Herzen unserer Mieter taub gemacht haben, sehen wir schon daran, daß es geschlagene neun Tage brauchte, bis man ihn in seinem Wohnzimmer vom gleißenden Kronleuchter gepflückt hat.

Er war ein Muster an Rüstigkeit und Pflichterfüllung. Ich kenne ihn nicht erst seit dem fröhlichen Abend des 1. November, den wir zusammen bei einer Flasche Aquavit und einer Zigarre verbrachten, nein – wir stellten fest, daß wir beide im großen Kriege im gleichen Lazarett gelegen hatten. Uns einte die Ähnlichkeit der Verletzung. Durch einen versehentlich gelösten Pistolenschuß war der eigene Fuß beschädigt. Aber während es mir danach nicht mehr vergönnt war, an der Front zu dienen, ist Horst späterhin in russische Gefangenschaft geraten, wo er bis 1956 blieb. Bei schmackhaften Rollmöpsen à la Pfalz malten wir uns aus, wie die Operation Barbarossa bei intelligenterem Kommando im Mittelabschnitt, wo wir stationiert waren, wohl hätte verlaufen können. Ich und Horst waren einer Meinung: Mit etwas mehr Entschlossenheit wäre es ein Leichtes gewesen, den Iwan dort empfindlich abzuschlagen. Aber unser Gespräch kreiste nicht nur um die Vergangenheit, die uns schuf und schliff. Horst konnte sehr komisch sein. Er hatte einen ausgesprochen närrischen Humor ganz nach meiner Art, der selbst einen ausgewachsenen Elefanten zum Lachen gebracht hätte. Voller gespieltem Ernst bat er mich um Mietstundung, beichtete mir in gekonntem Büßerton, er habe mich nur deshalb eingeladen. Ich mußte herzlich lachen, hatte ich doch gerade seine Miete nach oben korrigiert. Die Tafel war reich gedeckt, es fehlte an nichts. Vom Schnaps, der weiß Gott nicht von schlechten Eltern war, schon ziemlich erheitert, mußte ich laut aufprusten, als Horst auch noch von seiner angeblich zerrütteten Familie anfing. Sein drogensüchtiger »Lieblingsenkel« habe ihm all sein Geld genommen und sei gestern mausetot auf einer Bahnhofstoilette angetroffen worden. Diese »Enthüllung« gab mir den Rest. Ich lag am Boden. Als ich mich verabschiedete, war ich überzeugt, daß Horst auf jeder Bühne als großer Komiker hätte reüssieren können. Aber vielleicht ist er auch nur ein trauriger Clown gewesen und hat deshalb seinem Leben ein Ende gesetzt. Wir werden es nie erfahren ...

Weiterhin viel Spaß wünscht Ihnen

Ihr Hausherr Dr. Pachulke

Berlin, in der 50. Woche 1993

Liebe Mieter und Untermieter!

Ein Unglück kommt selten allein. Kaum hatte mein Schwiegersohn Goran die Gangster, die ihn in seinem Lokal mit dem Leben bedroht hatten, um ihm »Schutzgeld« aus der Tasche zu pressen, mit Hilfe einiger Landsleute in die Flucht geschlagen, da trat ein neuer Peiniger auf den Plan, den er nicht so leicht durchkreuzen konnte. Eine unbotmäßige Küchenhilfe, die Goran allzulange in sein weites Herz geschlossen hatte, ehe er gezwungen war, ihrer flittchenhaften Leichtlebigkeit denn doch die Kante zu geben, hatte ihn bei der Lebensmittelpolizei denunziert, die sein Restaurant, das »Crna Ruca«, wegen einiger Kleinigkeiten und gewiß mehr noch aus bürokratischer Willkür sofort schloß. Da Goran auch nicht die erforderliche Menge baren Geldes vorweisen konnte, wie es heutigentags bei Beamten zur Abwendung einer Anordnung notwendig ist, sitzt er jetzt auf dem Trockenen. Aber so wie den biblischen Heroen Lot kann auch einen Goran das Sodom und Gomorrha aus Amtsschimmel und Schikanierung nicht zur willfährigen Salzsäule erstarren lassen. Ganz im Gegenteil – er hat schon neue Pläne: Die Gastwirtschaft soll jetzt auch mit Ruhegelegenheiten angereichert werden. Es wird eine Bar geben, an der Menschen sich näher kommen können, nicht zuletzt auch einige eigens herangeholte Damen, die auf Provisionsbasis arbeiten. Meine Tochter Dagmar wird diesen Betrieb mit all ihrer Erfahrung führen können. Die zahlreichen Rückschläge haben ihr noch weiteres Format verliehen. Sie füllt die strapazierte Haushaltskasse mit einem Nebenerwerb als Gesellschafterin, und ihre Arbeitskleidung läßt sie entschieden fraulicher wirken als früher, als sie sogar einmal in blauen Niethosen zu einem meiner Geburtstage erschien. Bei soviel Selbstaufopferung wollte auch ich nicht hintan stehen und bürgte auf Anregung von Goran für den Kredit zum Ausbau des neuen Lokals.

In einem deutschen Geldinstitut gilt ein guter Name immer noch gleichsam als geronnenes Gold. Eine Unterschrift, und die Tresore öffnen sich wie das Sesam des Aladin. Goran wurden auf mein Geheiß Geldmittel eingehändigt, von denen Bürger weniger betuchten Ansehens weiter nur träumen müssen. Der Bankdirektor Herr Biesenkamp eilte mir und Goran gleich entgegen und begrüßte uns mit warmem Handschlag. In seinem durch einen Paravent hermetisch abgeschirmten Bureau reichte uns eine Substitutin Kaffee. Meine Bereitschaft, die Villa im Grunewald in die Waagschale von Gorans hochfliegenden Plänen zu werfen, machte Herrn Biesenkamp überfroh, und die Formalitäten waren schnell erledigt. Sie können sich lebhaft vorstellen, daß Goran nicht schlecht staunte, als er gleich an der Kasse 250.000 unserer Währung in bar in Empfang nehmen konnte und damit die unverrückbare Schwerkraft deutschen Wertes am eigenen Geldbeutel erfuhr. Zur Feier des Abschlusses lud ich Goran und Dagmar am nächsten Tag in ein Lokal, das sie sich sonst nicht leisten können. Goran fuhr schon in seinem eben erworbenen Sportwagen vor, der zur Ausstattung eines Vertreters seiner Zunft unstreitig gehört. Dagmar war sehr einsilbig. Eine Schwellung an der Backe hinderte sie wohl am Sprechen. Dennoch hatte auch sie teil an unserer Begeisterung für die rosige Rendite, die demnächst ins Haus steht und sich wie ein warmer Regen gleichsam als Niagarafall von Zins und Zinseszins über uns ergießen wird.

Schon jetzt ist in den Räumen des »Crna Ruca« der Gastbetrieb provisorisch eröffnet, und einige Damen begrüßen den Gast mit einem lebensfrohen »Hallo«. Ich kann es gerade jetzt im frostigen Winter nur jedem männlichen Mieter ans Herz legen, sich in dieser traulichen Atmosphäre einmal aufwärmen zu lassen. Gegen die Mißbildungen des Alltags gibt es kein besseres Mittel. Ehegattinnen haben im Ernstfall ja doch immer nur ihre Migräne parat.

Nur in Zweisamkeit kann der Same sprießen!

Ihr Hauswirt Dr. Pachulke

Berlin, in der __51.__ Woche 1993

Liebe Mieter und Untermieter!

Stille Nacht – wie sehr habe ich mich immer nach einer Weihnacht der Einkehr und Besinnung gesehnt. Und doch ist es mir nie gelungen, mich zu diesem Fest ganz dem Getümmel der anderen zu entziehen. Stets war eine einsame Seele zu trösten, die ohne mich wohl die Feiertage kaum überstanden hätte. So stand auch meine diesjährige Julfeier total im Dienste am Nächsten. Es fing damit an, daß mir auf meine Christvisite zur Bescherungszeit Herr Demmler unerwartet im Stiegenhaus begegnete. Wenig später saß ich auch schon mit den ungläubigen Demirels aus dem dritten Stockwerk beim üppigen Abendmahl der Demmlers im Souterrain und brach mit ihnen das Brot. Unter dem Christbaum türmten sich grell verpackte Geschenke sowie ein junger Hund, den man sich einzuwickeln nicht erst bemüht hatte. Der kleine Lukas, der gerade rechtzeitig zum Fest aus dem Krankenhaus zurückgekehrt ist, balgte mit dem armen Geschöpf. Auch ich wurde bedacht. Obwohl ich davon nichts halte, wurde mir ein Flaschenöffner in Delphinform aufgenötigt. Um meinen Gastgebern eine Freude zu bereiten, steckte ich ihn ein. Überall lag jetzt zerknülltes Papier herum, Schleifchen, Kordeln, angebissene Zimtsterne und Lebkuchenkrümel. Die Kinder hatten schnell genug von der Gans mit Rotkohl und stritten schon um die Geschenke. Obwohl sie die Auferstehung leugnen, hatten auch die moslemischen Demirelsprößlinge Spielzeug erhalten, das sie stehenden Fußes auseinandermontierten. Eine kleine Eisenbahn aus deutschem Blech konnte den klobigen Türkenhänden nicht lange standhalten. Zum Glück unterbrach die kleine Janine Demmler dieses unwürdige Schauspiel mit einem Vortrag an der Blockflöte. Wie sie das Instrument mit den vollen Lippen eng umschloß, wie ihre zartgliedrigen Finger den Zauberstab liebkosten und ihm die schönsten Weisen entlockten, das ließ in mir alles in wohligem Schauer erstarren. Ich merkte, wie die Musik ein unzerstörbares Band zwischen uns knüpfte, das von Herrn Demmler kurz vor der Erlösung roh zerschnitten wurde. Er blies zum Aufbruch. Seine ganze Bagage formierte sich mit Sack und Pack und Kind und Kegel zu einer Karawane gen Christmette. Die Demirels wurden ohne viel Federlesens wieder auf ihre Etage verfrachtet, und auch ich mußte die warme Stube verlassen. Wenn der Heiland ruft, kennt der Katholik keine Gastfreundschaft. Das ist das Manko dieser Betbrüder!

Im Hinterhaus war nur in zwei Etagen noch Licht. Frau Tietz im Zweiten hatte eine blaue Blumenlampe brennen – eine Unsitte, die ich abzustellen gedenke, lockt das doch nur Diebe und Geschnetz an. Unter dem Dach hatte Herr Grützke offensichtlich alle Zimmer in Benutzung. Ich konnte es mir gleich auf seinem zerschlissenen Sofa gemütlich machen, wo er den ganzen Abend über vor dem laufenden Fernseher im Buch eines Russen geblättert hatte. Überhaupt hat er es mit der Bildung: Vom Boden hoch bis in Hüfthöhe stapeln sich alte Tageszeitungen und Magazine, als ob er beweisen wolle, daß man Lebenserfahrung durch Gedrucktes aufwiegen könne. Schnell konnte ich an einigen unreifen Äußerungen erkennen, daß ich es noch mit einem grünen Jungen zu tun hatte. Dabei hat Herr Grützke durchaus einen gewissen Sinn für Kultur. Der Whisky, den er mir immer wieder nachschenkte, war von allerfeinster Provenienz, und da fiel es auch kaum ins Gewicht, daß er kein Salzgebäck dazu reichen konnte. Als ich kurz eingenickt war und wieder aufwachte, hatte er mir eine kratzige Wolldecke übergeworfen und sich selber in sein Schlafgemach verfügt, aus dem rachitisch rasselndes Schnarchen zu hören war. Bei einem weiteren Schluck aus der Flasche schaute ich mich noch ein wenig um. Herr Grützke will Drehbuchautor sein, davon zeugen die vielen harschen Absagen aus der Branche. Ich schaue auch manchmal fern, aber sein Name ist mir in den inflationären Nennungen nach den Sendungen noch nicht begegnet – sicher zum Vorteil des Mediums. In einem Manuskript begegneten mir Sätze wie »Ich hab' dich schon mal gesehen, du wohnst hier, nich'?« Wenn das der Charme unseres Zeitgeistes ist, dann nimmt es nicht wunder, daß selbst dieser trostlose Dilettant, der immer noch von den Überweisungen seiner Eltern abhängig ist, eine Frau aufgetrieben hat, der zuliebe er das wenige, das er hat, aufgeben will, um zu ihr zu ziehen. Seine Wohnung bleibt dann ganz den Motten überlassen. Aber so ein Zustand ist natürlich für mich nicht hinnehmbar, würden doch viele für eine günstige Wohnung glatt ihre rechte Hand geben und sich alle Finger danach lecken. Beim Frühstück, das der Junggeselle auf Freiersfüßen voller Liebe mit Ei und Christstollen bestückt hatte, kündigte ich ihm offiziell und fristlos mit einem Brief, den ich noch in den Morgenstunden auf seiner arg ausgeleierten Schreibmaschine aufgesetzt hatte, wobei ich in meiner Wortwahl durch fehlende Typen empfindlich eingeschränkt war. Obwohl ich ihm über die öden Stunden seines Heiligen Abends hinweggeholfen hatte, verhielt Herr Grützke sich mit einem Mal undankbar. Erst da sah ich, wie richtig meine Entscheidung gewesen war. Noch vor dem neuen Jahr wird der Möbelwagen kommen und dann der Kammerjäger, um die verwanzte Wohnung vollständig von Mieter und unerwünschten »Untermietern« zu säubern.

Ein schönes Weihnachtsfest wünscht

Ihr Hauswirt Dr. Pachulke

Berlin, in der 52. Woche 1993

Liebe Mieter und Untermieter,

Ich besitze viel Phantasie. Sie entzündet sich schon an der kleinsten Quelle von Information und türmt sie rasch zum Berge auf. Die Säle und Gelasse eines solchen Luftschlosses durchstreife ich dann wie ein Magier, der die Geister rief. Wie viele Bücher habe ich in meiner Jugend verschlungen! Es müssen Ionen gewesen sein. Dabei hatte ich es nicht nötig, dickleibige Wälzer bis zum Ende zu lesen. Bereits die erste Seite genügte, mich ins Reich der Einbildung zu überführen: Ich spann mir dann meinen eigenen Roman und bevölkerte ihn mit den verwirrendsten Schicksalen. So schlüpfte ich zum Beispiel in die Gestalt eines Bismarck und verhinderte im scharfen Rededuell mit dem Marschall Richelieu den Schandfrieden von Versailles.

Noch heute ist mir meine Fähigkeit, die Dinge weiterzudenken, sehr dienlich. Schlage ich etwa die Zeitung auf, genügt ein bloßes Photo, um das Triebwerk meiner Vorstellungskraft in Gang zu setzen. Nehmen wir die Seite 3. Dort stellt eine junge Dame ihren Körper zur Schau. Jemandem wie mir bleibt es dann vorbehalten, sich eine angemessene Bekleidung dazu zu denken. Diese meine Erfindungsgabe hat mich bislang immer wieder davon abgehalten, mich dem Fernsehprogramm auszusetzen. Denn ich mache mein eigenes Programm, lasse einen eigenen Film vor meinen Augen ablaufen. Ich werde nicht abstumpfen wie die Kolschewski, die jeden Morgen mit viereckigen Augen aus ihrer Pförtnerloge taumelt. Sicher, das eine oder andere Gläschen mag auch dazu beitragen – aber die Flimmerkiste trägt die Hauptschuld und richtet die Frau endgültig zugrunde. Unmittelbar nach meinem letzten Besuch, bei dem die Kolschewski unablässig in die Röhre starrte, tauchte ein verräterischer Batzen Erbrochenes im Flure auf. Da nur wir beiden uns zu nämlicher Zeit dort aufhielten, ist es wohl klar, von wem das gekommen sein muß.

Zwischen den Jahren war ich bei unserer Hauswartsfrau, um einmal Fraktur über ihr Problem zu reden. Bei einer Flasche Cognac saßen wir in ihrer Stube, wo zufällig ein Ratespiel im Fernsehen angesetzt war. Die Kolschewski war sofort zum Zuckerhut erstarrt wie Lots Weib und rutschte nach Art einer läufigen Hündin auf der Sofakante hin und her, um noch vor den Kandidaten in ihrem Gerät Worte und Begriffe zu erraten. Eine Lächerlichkeit – zumal es einem Mann wir mir ein leichtes war, das Gesuchte im Nu herauszufinden. Wer allerdings glaubt, daß die Fernsehleute auch nur die geringste Bildung aufbrächten, wird mit diesem »Quiz« baß düpiert: Keiner von meinen Ratevorschlägen wurde befolgt. Aber einer Vettel in angetrunkenem Zustand ist man mit blankem Unwissen jederzeit gefällig! Ausdrücke der Gosse, die als primitiv zu bezeichnen ich mich nicht scheue, werden mit wertvollen Sachpreisen bedacht. Die Kolschewski ließ sich vom ordinären Treiben hinter der Scheibe förmlich aussaugen wie ein Vampir. Nicht einmal ein Griff nach ihren fetten Schenkeln vermochte es, sie aus ihrer Trance zu holen. Um ein Haar, und ich hätte mich übergeben müssen! Von einem ernsten Gespräch von Mann zu Mann konnte in dieser Situation natürlich keine Rede mehr sein.

Jetzt muß ich handeln. Dabei baue ich zunächst auf die Vernunft aller im Hause. Freiwillig werden an geraden Tagen nur noch die Mieter des Vorderhauses und an ungeraden die des Hinterhauses ihre Mattscheiben erleuchten und die bunten Bilder ausschließlich in Zimmerlautstärke empfangen. Ich werde mich bei Rundgängen stichprobenartig davon überzeugen. Sollte diese Maßnahme nicht greifen, muß ich doch darauf zurückkommen, im neuen Jahr die Hausantenne ersatzlos zu entfernen.

Mit einem schönen Gruß aus der »Lindenstraße«

Ihr Hausherr Dr. jur. Theo Pachulke

III. Lauter dumme Sachen

Berlin, an Neujahr 1994

Liebe Mieter und Untermieter!

Ich stehe im Gleichklang mit der Zeit. Das können Sie allein daran ermessen, daß mein Geburtstag mit dem des gesamten Abendlandes zusammenfällt. Alle Welt feiert an meinem Freudentag, an dem ich mein neues Lebensjahr begrüße und Sie mit Blei und Knallerei die Zukunft begießen. Das ist mehr als eben Zufall. Es ist Fügung – man könnte es auch Vorsehung nennen.

Am heutigen Tage rundet sich die Zahl meiner Jahre und ich selbst bin wieder einmal der erste, der sich dazu beglückwünschen kann. Aber dieser Festtag ist nicht nur meine Sache. Das ganze Haus feiert. Aus diesem Anlaß habe ich gestern meine Inspektion der Aufgänge bleiben lassen. Ich wollte Ihnen mit dieser Verschnaufpause Gelegenheit geben, sich auf das Ereignis angemessen vorzubereiten. Ein großes Fest für Jahr und Mensch braucht auch großen Anlauf. Aber es sollte noch besser kommen. Als ich am Abend eintrat, lag das Haus ganz still da. Kein Fenster leuchtete, keine Stimme war zu vernehmen. Es schien, als hielte das Gebäude für einen Moment den Atem an – wohl voller Ehrfurcht vor dem Jubilar.

Es paßte zur Magie des Augenblicks, daß keine Menschenseele sich zeigte. So konnte ich bei der Flasche Dujardin verweilen, die ich ursprünglich demjenigen zugedacht hatte, der mir als erster die Türe öffnen würde.

Ich nahm mir einen Klappstuhl aus dem Heizungskeller und betrachtete danach den Himmel, von dem die Sterne genauso einsam und majestätisch strahlten wie ich im Hofe. Die beißende Kälte vermochte es nicht, mir oder meinem Getränk etwas anzuhaben. Ich fühlte mich auf dieser Insel der Stille wie in einem Nachen, den ich selbstvergessen über ein Meer aus tiefen Gedanken ruderte. Das verflossene Jahr war ein glückliches für Sie alle, begann ich doch meine Zeit als Patron. Daß ich in dieser Funktion auch einige Mißstände abstellen mußte, wird spätestens jetzt jedermann gutheißen. Den Frieden, der über das Haus gekommen ist, können Sie als das Ergebnis bezeichnen. Hier gibt es keinen unablässigen Hader mehr, wie drüben in den »Düsseldorfer Stuben«, wo jeden Abend Gläser klirren (außer heute, da war geschlossen). Hier wird nicht ständig gezankt, wie in der Ehe meiner Tochter Dagmar – sie will sich den Worten ihres Goran einfach nicht fügen. Das stammt von ihrer Mutter. Gestern hat sie sich dabei sogar verletzt und war für den Abend nicht mehr präsentabel, wie sie es am Telephon ausdrückte. So konnte ich Silvester nicht wie gewohnt en famille zubringen. Nein – vor solchen Ränken und Problemen bleiben meine Mieter verschont.

Aber der Frieden muß wehrhaft sein. Es geht nicht an, daß unser größter Schatz – das Bauwerk, das uns Heim und Heimat ist – Rabauken und Vandalen preisgegeben wird, die gerade zur Jahreswende mit Böllern und langen Fingern fremdes Eigentum mit Füßen treten. Sie können von Glück sagen, daß wenigstens ich vor Ort war, auch wenn Sie damit nicht rechnen durften. Als es Schlag zwölf losging, schreckte ich von meinem Posten hoch und stand wie ein Mann. Es regnete Feuer, und Donnerschläge zerrissen die Luft. Mein einziger Beistand sollte kein Mensch sein – es war ein weit braverer Geselle.

Der kleine Hund von Lukas Demmler jaulte kläglich auf und stieß mit seiner kalten, blanken, feuchten Nase immer wieder gegen das Küchenfenster im Souterrain. Wie gern hätte ich meinen Trunk mit der Kreatur geteilt. Aber die Flasche war schon leer. Mich dauerte das zu Tode verängstigte Geschöpf, und so befreite ich es kurz entschlossen. Was schert mich das bißchen Blut an der Hand, wenn es um die Tierliebe geht? Glücklicherweise konnte ich die Schmerzen mit einem Wodka vom Bord der Demmlers betäuben. Der befreite Hund hatte sich längst unter dem Sofa verkrochen, auf dem ich dann auch mit einer kleinen Jause aus dem Kühlschrank Platz nahm. Im Fernsehen gab es allerdings nichts von Belang.

Es war bereits Mittag, als ich wieder auf den Hof kam. Noch hatte sich das neue Jahr nicht bemerkbar gemacht. Nur eine Fensterscheibe war zu Bruch gegangen – ein Schaden, den die Demmlers schleunigst beheben sollten, bevor sie von ungebetenen Gästen heimgesucht werden.

Ich kehrte wieder an den Rehkitzsteig zurück, um die Glückwünsche meiner zahlreichen Freunde und Bekannten entgegenzunehmen. Sie werden sicher bald anrufen.

Ein frohes neues Jahr wünscht Ihnen mit diesem persönlichen Schreiben

Ihr sorgender Hausherr und Patron

Dr. Theodor Pachulke

Berlin, in der 1. Woche 1994

Liebe Mieter und Untermieter!

Ich habe ein Herz für Tiere. Obwohl die Bibel diese Geschöpfe zu unseren Untertanen bestimmt hat, sind sie beileibe nicht neidisch und begehren kaum einmal auf. Ich habe niemals einen besseren Freund besessen als meine Collierüdin Dagmar, die mir volle zehn Jahre meines Lebens treu zur Seite gestanden hat. Als es mit ihr zu Ende ging, reichte ich ihr ein letztes Mal die Hand zum Bund – wie mein Vorbild, der große Philosoph, der noch kurz vor seinem eigenen Tode ein geschundenes Kutschpferd in Venedig mit einem Peitschenhieb aus seinen Qualen erlöste. Seit meine Frau seinerzeit aus meiner Villa am Rehkitzsteig ausgezogen war, hatte Daggi das Wasser nicht mehr halten können. Um ihr Scham und Schande zu ersparen, die mit einem solchen Defekt verbunden sind, mengte ich ihr ein Mittel zur Minderung ihrer Leiden in den Futtertrog. Kurz darauf war sie steif wie ein Zinnsoldat. So verschied Dagmar quasi in meinen Armen und nicht in der gefliesten Kälte einer Tierarztpraxis, wo doch nur die Kadaver zum überhöhten Preis um die Ecke gebracht werden. Nein – Tiere verdienen eine bessere Umgebung als das Asphaltpflaster der Innenstadt. Meine Dagmar zum Beispiel ruht in Frieden draußen am Rehkitzsteig unter einem Holunderbusch.

So konnte ich es auch bei allem Verständnis für die Wünsche der Demmlerkinder aus dem Souterrain nicht gutheißen, daß sich unserem Haus mit ihrer Promenadenmischung Jeanny ein vierbeiniger Bewohner zugesellt hatte. Ich will zwar nicht päpstlicher sein als der Papst, aber eine ausdrückliche Erlaubnis meinerseits hatte weder schriftlich noch in mündlicher Form vorgelegen. Aus dem Fenster der verlassenen Wohnung Placzek mußte ich dann auch noch mehrfach mitansehen, wie Lukas und Matthias Demmler sowie Mustafa, der grindige Sprößling aus dem Demirel-Haushalt, mit dem Hunde herumtollten und es zuließen, daß die ununterbrochen kläffende Kreatur ihre Notdurft auf den von unserer braven Hauswartsfrau Kolschewski liebevoll gepflegten Rabatten verrichtete. Nun mag man über die Blumen der Kolschewski sagen, was man will – ich selbst gehöre nicht unbedingt zu den Anhängern dieses bunten Gestrüpps –, aber daß ein verhärmter Köter, der weder Stammbaum noch Körbericht vorweisen kann, auf die Mühen dieser rückenkranken Frau gleichsam absichtlich uriniert, das ging entschieden zu weit. Dabei schiebe ich die Verantwortung nicht dem verhärmten Mitbringsel aus dem Tierheim Lankwitz zu. Vielmehr versündigten sich die Demmlers an der Natur, indem sie den armen Hund entweder in ihren lichtlosen Räumen einsperrten oder dem Geschrei ihrer hysterischen Bälger aussetzten. Da konnte er ja nicht Sitte und Anstand lernen! Als ich darüber nachdachte, packte mich das Mitleid wie damals, als ich vor jedem Zoobesuch beim nächstgelegenen Fleischer ein Stück Räucherspecks erstand, um es dem halbverhungerten Nilpferd in den unersättlichen Rachen zu werfen.

Letzte Woche kam es dem zutraulichen Geschöpf der armseligen Arbeitersippe zu Hilfe, daß ich die Bekämpfung der Rattenplage vom Keller auf den Hof ausdehnte und dort mit Ködern nicht sparte.

Der kleine Lukas hat sich erstaunlich rasch über seine Tränen getröstet. Da kann man wieder einmal sehen, in welch beängstigendem Ausmaß die Hinneigung zu unseren vierbeinigen Freunden einem bloß noch modischen Zeitvertreib gewichen ist! Aber der zurückgebliebene Knabe muß sich jetzt sowieso mehr um seine Versetzung in der Schule kümmern, wo seine Leistungen, wie ich höre, nach seinem Krankenhausaufenthalt nicht unerheblich gelitten haben. Zu seiner und aller anderen Kinder Fürsorge verbiete ich mit dem heutigen Datum Haltung und Umgang mit Tieren in Haus, Hof oder Aquarium, denn sie sind alles andere als Spielzeug!

Im Namen aller Kreaturen grüßt Sie

Ihr Hausherr Dr. Pachulke

Berlin, in der __2.__ Woche 1994

Liebe Mieter und Untermieter!

Reichtum ist keine Schande. Aber die Habgier, die nach ihm strebt, bedroht die ganze Welt mit dem schleichenden Gift der Entzweiung. Christus selbst hat die Geldwechsler und Teppichhändler aus dem Basar gejagt, so kann man es in seinem Testament nachlesen. Denn sie nisten sich in der Heimstatt rechtschaffener Leute ein wie Igel und saugen das sauer Ersparte aus dem Haushalt. Leider ist unser Staatswesen von diesen Parasiten so sehr befallen, daß von unseren Steuergeldern besoldete Büttel nolens volens in unsere Wohnungen eindringen und ihre zerstörerische Ernte einfahren. Die Zeichen stehen auf Sturm, denn die Tiden des Bösen schwappen jetzt auch in meine Villa. Bis vorgestern konnte ich mich der Heimsuchung durch den Gerichtsvollzieher erwehren, dann mußte ich mich der Übermacht aus kranker Raffsucht und pathologischer Gier beugen. Es sollte Ihnen allen ein flammendes Warnzeichen sein, daß die Häscher des Systems jetzt nicht einmal mehr vor mir, Ihrem Hausherrn und Patron, haltmachen.

Wenn ich geahnt hätte, welche Folgen der unbedeutende – nach Lage der Dinge wohl auch inszenierte – Treppensturz des kleinen Lukas Demmler haben würde, wäre ich bei der Durchsetzung der Hausordnung weiß Gott entschiedener gewesen. Jetzt ist mir meine Gutmütigkeit zum Fallstrick geworden, den der Winkeladvokat Kutschki aus dem dritten Geschoß links zur schlüpfrigen Schlinge geknüpft hat. Er ließ mir von seinen Genossen aus der Nomenklatura einen infamen Mahnbescheid überbringen, mit dem das erstunkene Krankenhaus- und Schmerzensgeld seines unmündigen Klienten eingetrieben werden sollte. Nicht einmal vor minderjährigen Knaben macht dieser Kuponschneider halt! Der Intrige gegen seinen Patron war natürlich Erfolg beschieden, nimmt Kutschki doch jene Promenadenmischung aus Willkür und Wirrnis, zu der unser Gemeinwesen inzwischen leider herabgesunken ist, an seine Leine. Ich indessen hatte es vorgezogen, die abstoßenden Elaborate seiner Klaue ungelesen dahin zu befördern, wo sie hingehören: in den Müll. Dafür habe ich nun dem »Herrn« Gerichtsvollzieher 5.700 deutsche Mark auf den Tisch zählen müssen, damit der Kutschki sein Vermögen, das er sich durch Heirat mit einer Jüdin »verdient« hat, weiter aufhäufen kann. Daß dabei auch seine aus kabbalistischen Logarithmentafeln herausgelesenen Gebührenabrechnungen eine erhebliche Rolle spielen, versteht sich von selbst. Und noch etwas: Diese Kanaille wohnt billig bei mir zur Miete, während in seinen eigenen Mietskasernen Volksgenossen bis aufs Hemd ausgepreßt und mit frei erfundenen Nebenkosten quasi in Zinsfron geführt werden. Solche Plutokraten und Raffzähne verwirtschaften unser Volk. Mit erstunkenen Mahnbescheiden ziehen sie den aufrichtigen Menschen das Brot aus der Tasche, um es ihren schamlos aufgetakelten Weibsstücken als Geschmeide um den Hals zu hängen – und die parlamentarische Korruption beeilt sich, ihnen beim Fortschleppen der Beute »Amtshilfe« zu leisten. Aber so kann es nicht weitergehen. Wo der Staat versagt, ist der Bürger gefordert. Dort, wo es sinnlos angehäuft wird, hat Eigentum sein Recht verwirkt, ein für allemal. Ein Kutschki praßt mit erspekulierten Moneten, während die im Schweiße ihres Antlitzes schuftenden Demmlers im lichtlosen Souterrain beinahe Hungers sterben. Das hat jetzt ein Ende.

Gemeinsam werden wir dem Geldsack und Beutelschneider Kutschki und seinen Spießgesellen das Handwerk legen und ihnen das Diebsgut wieder abjagen, bevor sie uns kaltlächelnd in den Ruin des Abgrundes treiben. Auf meine fristlose Kündigung hat er mir nicht geantwortet, jetzt muß die Mieterschaft als Ganzes ihm die Existenzberechtigung aufkündigen. Jeder Mieter, der Kutschki noch grüßt, erhält von mir eine Abmahnung wegen gemeinschaftsfeindlichen Verhaltens. Beschimpfungen bis hin zum Ausspeien könnte ich in dieser Lage sogar verstehen. Denn unser Drängen auf materielle Gleichberechtigung darf nicht ungehört verhallen. Herr Kutschki muß sich auch nicht wundern, wenn seine aufschneiderische Karosse jetzt häufiger mal von Leuten, die aus nachvollziehbarer Empörung übers Ziel hinausschießen, an Reifen und Blechkleid behelligt wird. Wo gehobelt wird, da fallen Späne. Der Hinweis, der zum Besuch der Staatspolizei im dritten OG geführt hat, wird aus kundiger Quelle entsprungen sein. Auch anständige Leute haben einen Draht zu den Behörden! Und schließlich ist es nicht ganz unwahrscheinlich, daß sich bei einem Palästinenserfreund wie Kutschki Terroristen einnisten. Aber wenn so ein elender Pfeffersack in seinen Gemächern mit einer Durchsuchung konfrontiert wird, dann ist das Geschrei groß ...

Mit der erhobenen Faust in der Hand grüßt alle

Ihr Hauswirt Dr. Pachulke

Berlin, in der 3. Woche 1994

Liebe Mieter und Untermieter!

Ich schmücke mich nicht mit fremden Federn. Ich habe es nicht nötig, meinen an sich schon wohltönenden Namen durch fremde Zusätze aufzuwerten. Titelsucht, Nepotismus und Ämterpatronage überlasse ich gerne einem »Doktor« Kutschki im zweiten Stock rechts – wie auch die Erschleichung von Geldern, die nur dem Promovierten vorbehalten bleiben. Aus diesem Grund hat mir mein akademischer Grad nie etwas bedeutet. Im Gegenteil, ich hatte gerade in letzter Zeit sehr darunter gelitten, daß ich mit niederen Gestalten quasi in einen Topf geworfen wurde, die sich ihre Promotion in Paraguay oder Innsbruck auf dem Basar erworben haben wie eine Steige Eier. So ist es auch gar nicht schade, daß ich jetzt endlich wieder ohne diesen lästigen Titel durch die Welt gehen darf. Er hat mir sowieso nur Ungemach eingetragen. Jeder kommt mit seinem Wehwehchen zu mir, nur weil er glaubt, ich hätte den Eid des Hippopotamus geleistet. In Läden und Lokalen muß ich überhöhte Preise akzeptieren, weil noch der kleinste Schwengel annimmt, ich hätte meine Schäfchen im Trockenen. Und auch die Finanzbeamten gehen in Habachtstellung, wenn sie den ehrenden Namenszusatz erspähen, um dann auf ihrem Raubzug auch noch den abseitigsten Steuerparagraphen in Anschlag zu bringen. Ja – nach alledem bin ich eigentlich sogar froh über den ungeheuerlichen Brief, welchen mir eine pflichtvergessene Behörde per Rückschein zugestellt hat. In umständlichstem Bürokratendeutsch ist da von »Urkundenfälschung«, »unerlaubter Führung eines Titels« und »Disziplinarverfahren« die Rede. Das hätte mich weiter nicht bekümmert, ginge es in diesem Fall nicht allein um meine Person, sondern auch um Ihren Patron. Also ließ ich den Ehrabschneidern von dieser Dienststelle ein gepfeffertes Schreiben ebenfalls per Rückschein zustellen, in den ich das Götz-Zitat meines Lieblingsdichters an prominente Stelle gerückt habe. Meine Bildung läßt mich auch in Situationen des Ärgers und der Eile niemals im Stich. Das hatte damals vor fünfzig Jahren auch schon mein Kriegskamerad Holger Soyka erkannt, mit dem ich im Coupé des Zuges Königsberg-Berlin einige unvergeßliche Stunden zugebracht habe. Draußen fielen die Bomben, drinnen war Stimmung – befeuert durch einen köstlichen Holunderschnaps, den mein verstorbenes Kindermädchen mir mit auf die Flucht gegeben hatte. Soyka war in wichtiger Mission unterwegs. Er hatte Stempel, Siegel und Urkunden der Albertus-Universität vor den Bolschewiken gerettet und war somit befähigt, den Reisekumpan, der ihn mit seinem umfassenden Wissen so sehr beeindruckt hatte, noch in selbiger Nacht in den Stand eines Gelehrten zu erheben. So geschah es, daß Pachulke, der als einfacher Gefreiter das Abteil betreten hatte, es in Berlin als mehrfacher Doktor wieder verließ. Wie wenig mir an Titelhäufung gelegen hat, können Sie schon daraus ersehen, daß ich alle diese Urkunden – bis auf eben eine – an andere akademisch Interessierte weitergab, lediglich gegen einen

Kanten Brots. Nun will man mich um das einzige mir verbliebene Souvenir meiner Bahnfahrt mit nämlichem Holger bringen. Instinktlos, ja sogar eine gezielte Kränkung nach alledem, was ich in stählerner Zeit für das Vaterland vollbracht habe. Nun gut, sollen die Leute mich wieder bei dem Namen nennen, den mir mein Vater mitgegeben hat, das war mir von jeher das Liebste. Ich bin aber auch nicht beleidigt, wenn einfache Seelen wie unsere brave Hauswartsfrau Kolschewski nicht so schnell von alter, lieber Gewohnheit abrücken möchten gegenüber einer Respektsperson, die ich ja bleibe.

Wie sehr der Amtsschimmel jede Scheu verloren hat, seitdem ich dem Landesverwaltungsamt den Rücken gekehrt habe, ist daraus ersichtlich, daß die mißgünstigen Kollegen mir noch im nachhinein die Bezüge kürzen wollen. Sie, liebe Mieter und Untermieter, brauchen beileibe keinen Doktorhut, um in diesem Fall eins und eins zusammenzuzählen: Wenn das der letzte Ratschluß unseres Staates ist, bin ich gezwungen, nolens volens Ihre Miete anzuheben.

Ohne mich um ein grano malis zu ändern, verbleibe ich

Ihr Hausherr ~~Dr.~~ Theodor Pachulke

Berlin, in der __4.__ Woche 1994

Liebe Mieter und Untermieter!

Shakespeare sagt: »Es ist der Geiz, der stets verneint!« Dieser Satz könnte auch von mir stammen, denn ich habe genau die gleichen bitteren Erfahrungen machen müssen wie der große Brite. Man muß also beileibe kein Dichter sein, um über die Unzulänglichkeiten und Schwächen seiner Mitmenschen Bescheid zu wissen. Zeit meines Lebens habe ich nämlich unter Krämerseelen und Geizkrägen arg zu leiden gehabt.

Frau Bongé zum Beispiel klopft immer noch ihre Teppiche mitten am Tage auf dem Hof aus und beschmutzt die mühselig von Frau Kolschewski reingeharkte Erde und Luft mit Fusseln und Staubmäusen aus ihrer muffigen Bleibe im Erdgeschoß des Hinterhauses. Dabei säubert ein moderner elektrischer Staubsauger auch empfindliche Stücke, ohne großen Schaden anzurichten. Ich selbst habe meine kostbaren Orientteppiche schon einmal damit gereinigt, da wird sich die Bongé ja wohl nichts vergeben, wenn sie sich für ihre schäbigen Läufer aus dem Osten einmal ein solches Gerät anschafft. Es kostet gewiß nicht die Welt. Dann könnten die Nachbarn ruhiger schlafen. Aber vielleicht kümmert das die knickrige Funktionärin von drüben gar nicht, vielleicht hat der Lärm ja Methode. Will sie uns etwa die Nerven blankklopfen, um uns gefügig zu machen für ihr ehemaliges System? Wir müssen wachsam bleiben. Das blutige

Haupt des Bolschewismus ist fruchtbar noch. Wir können ihm aber mit neuartiger Innovation unter Einbezug von Erkenntnissen aus der Mondforschung ein Schnippchen schlagen.

Im Vorderhaus hat die Moderne schon Einzug gehalten. Unlängst nämlich habe ich auf der Straße einen strebsamen Vertreter der jungen Generation getroffen. Wir kamen schnell ins Gespräch, und der überaus beredte Mann zeigte mir eine absolute Weltneuheit, einen Schwamm aus besagter Mondforschung aus Amerika. Ich konnte diese wissenschaftliche Neuentdeckung zu einem einmaligen exklusiven Einführungspreis erwerben, und weil ich als erster zugriff, bekam ich als persönliche Dreingabe zwei wertvolle Kugelschreiber mit Herstellergarantie sowie ein feuervergoldetes Kettchen aus einem Eisen, das man auch im All tragen kann. Noch am selben Nachmittag konnte ich unsere Hauswartsfrau Kolschewski in den Gebrauch des Allzweckwischers einweisen. Alle anderen Hilfsmittel habe ich der Kolschewski weggeschlossen, damit sie nicht aus falsch verstandener Akkuratesse in die Vorzeit der Hausreinigung zurückfällt. Leider hat die dusselige Concierge den Zukunftsschwamm so rabiat traktiert, daß er schon nach wenigen Tagen übel ramponiert war. Und dann jammert sie noch nach einer teuren Bohnermaschine, die sie im Supplement irgendeiner billigen Gazette gesehen hat! Gutmütig, wie ich nun einmal bin, habe ich auf der Straße wieder nach meinem Freund Ausschau gehalten, aber sein Stand war längst abgebaut. Er ist vermutlich zurück zu seinen Astronauten nach Amerika gegangen.

Erst auf dem Nachhauseweg hatte ich dann eine Idee, die unsere Modernisierung beispielgebend ins nächste Jahrtausend treibt. Sie ist mehr als einfach: Mit Geltung von der heutigen Stunde an betreten alle Mieter eine neue hygienische Basis, indem sie durch eigenverantwortliche Reinlichkeit dem kostenintensiven Putzen vorbeugen. Vor dem Betreten des Hauses also wird die Überkleidung von seinem Träger noch vor der Türe mit eigener Hand kräftig ausgeschüttelt (auch linksherum!) und das Schuhwerk mehrfach sorgfältig abgestreift. Jetzt werden Sie sicher sagen, da liegt ja gar keine Fußmatte! Ich kenne diesen Einwand. Er ist naiv. Im Flur des Nachbarhauses stehen doch, wenn ich richtig zähle, gleich deren drei zu Ihrer Verfügung, und wenn da einmal abgeschlossen sein sollte, können Sie ja immer noch in die »Düsseldorfer Stuben« schräg gegenüber abtreten gehen. Fremder Dreck von draußen jedenfalls kommt mir nicht mehr ins Haus. Ich lasse mir doch nicht mein sauer erspartes Geld mit Feudel und Leuwagen von Stufen und Treppenabsatz wegwischen!

Eine saubere Kehrwoche wünscht Ihnen

Ihr Hausherr Theodor Pachulke

Berlin, in der 5. Woche 1994

Liebe Mieter und Untermieter,

Fasching ist mehr als Mummenschanz. Denn das Kostüm verbirgt nicht etwa den Charakter, nein – es stülpt gleichsam das Innerste der Seele hervor. Aber nicht jeder kann aus der Verkleidung auf den Menschen schließen, läßt sich doch die Mehrzahl von bunten Stoffen und tiefen Dekolletés ablenken. Mir jedoch ist es gegeben, das Flechtwerk aus Schminke und Tüll zu zerteilen und die Psyche aus ihrer Travestie zu schälen. Denn wie Schillers Tell lege ich nicht auf den Apfel an – sondern auf Eva.

Diese Begabung kommt mir jedes Jahr an Karneval besonders zupaß, wo ich mich auch deshalb unter die Narren mische, weil sie mir quasi nackt entgegenschunkeln. Am Donnerstag vergangener Woche war es wieder soweit. Gleich zwei Festlichkeiten schmückten meinen Terminplan: Zunächst hatte Lilo, die Wirtin meines Stammlokals »Düsseldorfer Stuben«, zum maskierten Umtrunk geladen. Obwohl ich mich im eigenen Heim schon mit einigen Dujardins in närrische Laune versetzt hatte, schlug mir im Gastraum sauertöpfische Verdrießlichkeit entgegen, die maßgeblich von einem Neger geschürt wurde. Ich brachte diesen falschen Gast durch ein Bonmot über seine aufdringliche Dunkelheit zur Raison. Statt einer Antwort schnitt mir die Servierdame Gitti, die eben noch mit dem Mohren schamlos poussiert hatte, den Schlips ab. Ein bellendes Lachen machte die Runde, doch es ging fehl: »Humor« von dieser Sorte, der in Sachbeschädigung ausartet und das Volksvermögen in seiner Gänze verringert, kann gar nicht belustigen. Nun gut – das brackige Bier hatte sowieso nicht geschmeckt und der Cognac war verdünnt. Andernorts sollte mir die Vorsehung Günstigeres bescheren. Mein Weg führte mich schnurgerade in unser Haus. Die Herren Prellnitz und DePaoli aus dem zweiten Stock hatten in Form eines Aushangs ihre Nachbarn zu einer Faschingsparty geladen, auf der ich als Patron selbstredend nicht fehlen durfte.

Die Zusammenkunft dieser Jungleute war eher nach meinem Geschmack. Während der tollen Tage sehe ich ja gerne auch einmal über die abseitigen Neigungen des unzertrennlichen Junggesellenpärchens hinweg, mit dem ich – wie viele von Ihnen – einfach nicht warm werden kann. Ihre Gäste hatten sich in ihrem Drang nach einem Bäumchen-wechsel-dich in der Geschlechterordnung aufwendig als Damen drapiert und benahmen sich genauso weibisch wie sonst auch. Meine Pappnase dagegen, die mir in langer Zeit schon viele närrische Dienste erwiesen hat, schlug ein wie eine Bombe: Keiner erkannte mich. Ich nutzte die Gunst der Stunde, um mich am köstlichen Punsch zu ergötzen. Von den würzigen Lüften dieses Heißgetränkes ließ ich mich umwehen. Mit einem Mal hob sich der Schleier, der mich von der Welt schied, und eine Art ganz anderer Durst durchdrang mich. Mitten im Trubel hatte ich Fräulein Gertrud Eichberg ausgemacht, die als Ölscheich ging. Aber so weit auch der Kaftan des Orientalen geschnitten war, er vermochte es nicht, ihre nymphenhafte Anmut zu kaschieren, die alles in mir aufstehen ließ.

Ich handelte umgehend – glühend wie Lava, welche in die Gußform einer Heroenstatue strömt. Traumwandlerisch strebte ich durch die hohle Gasse der Entfesselten zu ihr, und – als lenkte der Liebesgott persönlich meine Zunge – stieß mein Mund wie aus einem Adlerhorst brütender Emotion auf ihre bereiten Lippen. Ich umschlang Fräulein Gertruds athletischen Körper, der sich unter dem Burnus kraftvoll spannte. Sie erwiderte meine Umarmung derart energisch, daß ich fast nach Luft zum Atmen ringen mußte. Die Umstehenden waren von dieser Eruption des Eros wie geblendet, und die Bewegungen der Tanzenden verzögerten sich im Bann bis zur Zeitlupe. Gertrud hatte sich perfekt kostümiert. Der angeklebte Bart hielt dem feuchten Feuer unserer Leidenschaft stand, ohne sich zu lösen. Zusätzlich hatte sie sich die Backen angerauht, um die anderen Partygäste über ihr Geschlecht vollständig zu täuschen. Nur ich hatte sie erkannt, noch bevor um Mitternacht die Masken fielen. Wie der Abend endete? Ich weiß es nicht. Mein Gedächtnis ist im Brand der Sinne ertrunken. Tief erst im nächsten Tage fand ich mich in meinen Laken wieder.

Gertrud hat sich seitdem nicht mehr bei mir gemeldet – aus Scham gewiß. So lade ich die Angebetete hiermit, sowie auch Sie, liebe Mieter und Untermieter, zum nächsten Samstag um fünf Uhr nachmittags in meine Räume, um unsere Verlobung zu begießen, die ja nun unausweichlich geworden ist. Bei dieser Gelegenheit kann sie mir dann auch meine Pappnase zurückgeben, die ich wohl bei ihr liegengelassen habe.

Voll der Lenzgefühle grüßt Sie

Ihr Hausherr Dr. Theo Pachulke

Berlin, in der 6. Woche 1994

Liebe Mieter und Untermieter!

Ich bin kein Hamlet, der gleich zuschlägt, wenn ihm etwas nicht paßt. Dazu ruhe ich viel zu sehr in mir selbst, bin ausgeglichener als eine Waage, deren Schalen ich mit dem Brot der Weisheit angefüllt habe. Mich kann nichts mehr so sehr erschüttern, daß ich mir nichts, dir nichts aus der Haut fahre. Gerade deshalb ist der Eklat im Treppenhaus vom Sonnabendnachmittag allenfalls ein Warnsignal. Denn Fräulein Gertrud Eichberg aus der Wohnung Saupe im vierten Stockwerk rechts hat sich verrannt in eine Sackgasse – oder ein Gefühl, wie sie es nennt. Für sich genommen ist das nicht weiter tragisch. Erst der Name Kutschki gibt ihrer seelischen Wallung einen pechschwarzen Anstrich. Dieser eitle Witwer aus der dritten Etage links, der schon seine erste Frau kinderlos ins Grab gebracht hat, ist Lump genug, sich jetzt an ein unverbrauchtes Mädel heranzuwanzen, dessen saftige Fruchtbarkeit seinen müden Lenden auch nicht mehr entlocken kann, als es seinerzeit seine Gemahlin vermocht hatte. Dennoch trachtet er in blutschänderischer Absicht danach, dieses mit billigem Konfekt und abgeschmackten Komplimenten zu Willen gefütterte Geschöpf auf das Niveau einer Gassenhure herabzuwürdigen. Der einzige Trost, der uns Nachbarn in diesem extremen Fall bliebe (nachdem er sich bei uns wie der trojanische Stier seinen Mietvertrag erschlichen hat und vorerst wegen laxer Gesetzeslage auch nicht so schnell zu entmieten ist), wäre die Aussicht auf seinen baldigen Exitus. Da niemand so lange warten will, habe ich entschlossen gehandelt, und zwar im Namen der gesamten Hausgemeinschaft.

Sie alle wissen, wie die zauberische Macht des Schicksals Fräulein Eichberg und mich zusammengeführt hat. Leider konnten wir den Chor der Liebe bisher noch nicht gemeinsam anstimmen. Um unserem Verlöbnis endlich einmal die intime Feier angedeihen zu lassen, die ihr zukommt, habe ich am vergangenen Sonnabend Fräulein Eichberg in meine Räume zu einer romantischen Feuerzangenbowle gebeten. Als sie nach einer vollen halben Stunde immer noch säumig war, entschloß ich mich, sie persönlich abzuholen. Auf dem Treppenabsatz erwischte ich den Kutschki. Gerade noch rechtzeitig: Die mir von der Vorsehung Versprochene wurde von ihm aufs zudringlichste belästigt. Der Ärmsten blieb kaum Luft zum Atmen, so sehr hatte sie der poussierende Greis in seine schlaffen Arme gepreßt. Wie entartet muß ein Herz sein, das dergestalt fühllos alles an sich raffen möchte! Bevor Schlimmeres passieren konnte, ging ich wie ein Gardehusar mit einem vernehmlichen Räuspern dazwischen. Damit es auch dem Kutschki endlich in den Kopf will, machte ich Fräulein Gertrud ein Geständnis, das in seiner Freimütigkeit seinesgleichen sucht. »Aber ich liebe Sie nicht«, erwiderte sie – ganz voreilige Verblendung. Denn das Gegenteil ist der Fall, so sehr meine Künftige sich sperren mag! Als auch noch Kutschki unseren zärtlichen

Dialog impertinent unterbrach, vergaß ich mich für einen kleinen Moment und erteilte ihm eine Lektion in Form einer schallenden Backpfeife, die sich weiß Gott gewaschen hatte. Gertrud starrte auf mich wie das Kaninchen auf den Hasen. Ihre Verblüffung über meinen männlichen Akt war so groß, daß der Wüstling sie auf seiner panischen Flucht vor dem heiligen Zorn des Patrons auf das roheste mit sich fortreißen mußte. Aber mit diesem Fersengeld hat die Memme ihre Ehrenschuld noch lange nicht beglichen. In früheren Zeiten wäre ein Duell in dieser Lage unabdingbar gewesen, aber ein Kutschki ist ja sowieso nicht satisfaktionsfähig! So bleibt nur, ihn ultimativ aufzufordern, Fräulein Gertrud herauszugeben und künftig für alle Zukunft von ihr zu lassen. Fakt ist nämlich: Gertrud ist eine Wurst, die zu hoch für Kutschki hängt. Da mag der Hasenfuß noch so viel kläffen – er bekommt sie nicht in seine schmierigen Finger! Denn ich – und kein anderer! – werde die Holde in absehbarer Zeit durch ein von Ihnen, liebe Mieter und Untermieter, gebildetes Spalier vor unseren Hausaltar geleiten.

Innig verbündet mit der Liebe grüßt Sie

Ihr Hausherr Theo Pachulke

Berlin, in der _7._ Woche 1994

Liebe Mieter und Untermieter!

Jedes Haus ist ein Ruhepunkt im Wirbel unserer Zeit. Hier kann der Mieter Mensch werden und zu sich finden. Gerade deshalb darf in meinem Hause die Entfaltung des Einen nicht zur Geißel des anderen werden. Denn das Beste gedeiht in der Stille. Nicht daß ich die Qualitäten in Reih und Glied geordneter Menschenansammlungen nicht zu schätzen wüßte, aber was sich heute im Namen von Freiheit und Gleichmacherei zusammenfindet, endet ja doch nur in Chaos und Anarchie, ob es sich nun Hafenstraße oder Fußballhooligan nennt, und auch im Bundestag kommt es ob seiner aufgeblähten Größe oft zu unschönen Szenen. So etwas dulde ich nicht in unserer Straße.

Sie wissen, worauf ich hinaus will: Die »Party« von Herrn Riedel aus der dritten Etage des Hinterhauses hat letzten Donnerstag die Fundamente unseres Gebäudes erschüttert. Seine Dienstbotenwohnung ist ja schon vom Schnitt her kein Festsaal, in dem beispielsweise Krönungen oder Staatsbankette stattfinden können, und die vielleicht zwölf Gäste mußten sich in Flur, Küche, Bad und Stube drängen, als seien sie Ölsardinen. Mancher junge Busen klebte da förmlich direkt am Geschlecht eines in der Nähe stehenden Halbstarken, und selbst die an sich leckeren Mettbrötchen rochen noch nach Pennälerschweiß. Herr Riedel hatte zum Semesterschluß seine

Schutzbefohlenen zu sich gebeten, um seine Stellung als Erzieher zu nutzen und gleichsam ins Gegenteil zu wenden. Mit billigem Wein machte er sich seine von den Kathederreden der Fachhochschule eines eigenen Willens sowieso schon beraubte Herde gefügig, um die Eitelkeit des altgewordenen Don Juan mit frischem Blut zu stillen. Dabei ist sein 58jähriger Körper mehr als nur abgelebt. Die Pergamenthaut dieses ausgezehrten Wüstlings spannt sich um seine brüchigen Knochen wie das Fell einer Mumie, und noch so junge Damen-, womöglich Knabenhände vermögen es nicht, ihr neue Spannkraft einzuhauchen. Die wohl als Orgie geplante Veranstaltung im Hinterhause war mehr als bieder, und ich war sogar dankbar, daß mir ein Studentenschnösel die Pforte vor der Nase zuschlug. So dröge Feste, die durch voll aufgedrehte Bumsmusik nur mühsam wachgehalten werden können, sind sowieso nicht nach meinem Geschmack. Zudem hätte ich in der Bude dieses manischen Nichtrauchers kaum meines liebsten Lasters frönen können: einer schmackhaften Zigarre aus deutscher Produktion.

Unten auf dem Hof begegnete ich einer Leidensgenossin. Sie hatte sich von ihren Kommilitonen absentiert, um gemeinsam mit mir ein paar Züge blauen Dunstes in frischer Luft zu atmen. Natürlich konnte ich nicht umhin, sie auf die Unzulässigkeit ihres Vergnügens auf meinem Grund und Boden hinzuweisen, habe aber dann doch Gnade vor Recht walten lassen, zumal ihr wogender Busen eine intakte Lunge zu bergen schien. Als ich scherzhaft darauf Bezug nahm, respondierte sie keck, indem sie eine Wolke Rauches in mein Gesicht stieß. Die schwarz blitzenden Augen hinter ihrem rotgeschminkten Kußmund betonten noch die forsche Unzüchtigkeit ihres Annäherungsversuchs. Ich beschloß zu prüfen, wie weit so ein Ding es treibt und ging zum Schein darauf ein. Kaum daß ich die erste Berührung an ihr plaziert hatte, spürte ich schon einen stechenden Schmerz am Gemächte. Mit einem Tritt hatte die von Herrn Riedel indoktrinierte Lesbierin ihrer kranken Veranlagung entsprochen und rannte zurück in die Arme ihres greisen Mentors, während ich mich auf dem Boden krümmte. Wie zum Hohn auf meine Situation jubilierte die stereophonische Anlage Choräle in die Nacht hinaus. Jetzt mußte ich handeln.

Von der Kolschewski aus rief ich die Polizei wegen Lärmbelästigung. Ich hatte schon bei einer Flasche Likörs eine geschlagene Stunde gewartet, da kamen Schutzmänner in schief sitzenden Uniformen ohne Mütze. Trotz der auf der Kippe stehenden Lage ließen sie ihre Pistolen im Halfter. Bereits im Hof machten sie kehrt. In aller Seelenruhe beschied man mir, es »bestehe kein Handlungsbedarf«. Dabei rückte der Zeiger schon auf 21 zu! Und oben quoll die Zuchtlosigkeit quasi aus den Fenstern heraus. Als ich meine Beschwerde über die Pflichtvergessenheit dieser »Ordnungshüter« vorbrachte, nahmen sie mich zur Wache mit, wo ich ihren Vorgesetzten sprechen sollte. Die Nacht verbrachte ich in einer Kammer. Um ungestört schlafen zu können, hatte man mir Gürtel und Hosenträger abgenommen. Die Unterredung am Morgen endete in gutem Einvernehmen und ich konnte wieder nach Hause gehen. Von einer Anzeige habe ich Abstand genommen. Herr Riedel ist schließlich von höherer Warte aus gesehen nur ein lauer Furz, der jungen Frauen nachsteigt, die doch bloß seinen Wein trinken und von dannen ziehen, um sich mit Milchbärten zu verlustieren.

Stille Nächte wünscht Ihnen

Ihr Hauswirt Pachulke

Berlin, in der 8. Woche 1994

Liebe Mieter und Untermieter!

Kinder mögen mich. Das hat seinen Grund. Instinktiv erkennen sie in mir den Älteren, der ihnen einiges an Jahren voraushat. Meine überlegene Autorität ist bei ihnen unbestritten, weil meine Veranlagung eine natürliche ist. Dabei gehe ich nicht einmal besonders pfleglich mit ihnen um. Süßigkeiten, wie bei Frau Wohlfarth im vierten Stockwerk, gibt es bei mir nicht und auch nicht jene ewig piepsenden Computerspiele, wie bei Rößke eine Etage darunter, oder schon gar nicht die senile Anbiederung eines Kutschki aus dem Dritten links, der im reifenden Fleisch wohl seine eigene verflossene Jugend anschmachtet.

Es ist schade, daß mein pädagogisches Talent so lange brachgelegen hat, kann ich doch das ganze Übergewicht meiner Erfahrungen in die noch schaukelnden Waagschalen der Heranwachsenden werfen. Selbst bei meiner eigenen Tochter Dagmar war mir der letzte Schliff verwehrt geblieben. Meine Frau hatte sich damals auf französisch verabschiedet und die Frucht meiner Lenden gleich mitgenommen. Dann verklagte sie mich auch noch auf Unterhalt und trieb ihre Forderung mit einer abgefeimten Unterstellung ins Astronomische. Dies gelang ihr nur, weil ich dem Töchterchen im Badezimmer auf ihre bohrenden Fragen die Fortpflanzung des Menschengeschlechts betreffend nicht ausgewichen bin. Vor

Gericht verdrehte meine Frau die väterliche Handreichung und versuchte mich zu erpressen. Ihr Anwalt schreckte nicht einmal davor zurück, eine Armada von Kinderpsychologen ins Feld zu führen, um mich der geliebten Tochter zu entziehen. Die Folgen hat nunmehr Dagmar zu tragen. Kein Wunder, daß sie sogar einen Ausländer wie ihren Ehemann Goran nicht halten kann.

Die kleine Janine Demmler aus dem Souterrain läuft Gefahr, das Schicksal meiner Tochter zu teilen. Habe ich nicht letztens erst gesehen, wie sie an unserer Haustür von einem halbstarken Hallodri mit Küßchen verabschiedet wurde, und das, obwohl sie erst 14 ist! Aber was soll man lamentieren, wenn die »Vorbilder« in ihrer Familie sich hemmungslos ihren verwerflichen Trieben hingeben. Die Ehe der Demmlers ist vertiert. Jeder Passant kann am wüsten Geschehen im Hochkeller akustisch teilhaben. Tagaus, tagein Grunzen, Ächzen, Stöhnen – nur unterbrochen vielleicht von gelegentlichem Türenklappen und dem Schleudergang der Waschmaschine. Es ist, gelinde gesagt, schon zwanghaft, wie oft die Demmlerin ihr besudeltes Leinzeug ausschwemmt, um damit die Befleckung ihrer Würde in den Abfluß zu lenken. Ihre Tochter Janine steht am Scheideweg: Wählt sie die Eltern, führt sie das unweigerlich ins Bordell. Die andere Möglichkeit ist sicher mühevoller, aber sie führt zu den Sternen, wie es der große Philosoph Diogenes einmal formuliert hat.

Ich biete Janine ein neues Heim hier am Rehkitzsteig, wo sie umgeben von Natur und Bildung zu sich selbst finden kann. Ich werde mich persönlich um ihre Formung kümmern. Was ich dafür verlange? Nicht einen Heller. Ganz um das Wohl des zerbrechlichen Geschöpfs bemüht, handle ich aus Verantwortung und Nächstenliebe, die ich mir als Begüterter ja leisten kann. Außerdem wird mir Janine im Haushalt ein wenig zur Hand gehen. Sie kann das sicher besser und vor allen Dingen mit weit mehr Anmut erledigen als die spröde Frau Schubert, die ich wegen ihrer unverschämten Lohnforderung meiner Villa verwiesen habe.

Zum ersten Mal wird Janine ein eigenes Zimmer haben – und zwar direkt neben meinem Schlafgemach, so daß ich auch in schwärzester Nacht wie der Prophet Salomo über die junge Unschuld wachen kann. In der Stille ihrer Kammer, zu der nur ich das Schlüsselchen bei mir trage, wird sie jedenfalls vom ekelhaften Kopulationslärm ihrer Erzeuger verschont bleiben.

Voll des pädagogischen Eros grüßt Sie

Ihr Hausherr Pachulke

Berlin, in der 9. Woche 1994

Liebe Mieter und Untermieter,

Reichtum kommt nicht von Trödelei. Nur ehrliche Arbeit vermag es, den Menschen zu befreien. Bescheiden, aber konsequent habe ich mir im Schweiße meiner vierzig Jahre im Staatsdienst eine solide Grundlage zu verschaffen gewußt. Aber ich habe es mitnichten für mich selbst getan. Denn aus meinem Wohlstand sollen Wohltaten blühen. Ihnen, die Sie mir als Obdachnehmer anbefohlen sind, will ich etwas aus der Bürde meiner Mühsal von den Schultern nehmen. Und das ist nicht nur die tägliche Fürsorge für Sie, nicht nur, daß ich Ihnen ein Dach über den Häupten gebe, Gas und Strom in die Gemächer lenke, flüssiges Wasser in die Hähne hineinschenke, nicht nur Hausreinigung und Müllabfuhr, nicht nur die wertvollen Ratschläge, die ich aus dem Tiefbrunnen meiner Erfahrung schöpfe, nein – es geht mir um mehr. Der Tag ist gekommen: Unsere verschworene Hausgemeinschaft in Gänze kann sich nunmehr der Handfessel finanzieller Engpässe mit einem Hieb von geradezu alexandrinischer Unbefangenheit entwinden. Akute Mietsorgen wie die der Demmlers und der hinfälligen Wohlfarth aus dem vierten OG, die vor jedem Ultimo zittern wie Jonas vor der Wahl des Paris, gehören dann für immer der Vergangenheit an. In einem Wort: Ich mache Ihnen ein Angebot.

Der Postmeister Herr Krüger bringt manche Überraschung an die Tür. So erreichte mich unter den unzähligen Rechnungen, Mahnungen und sonstigen Bescheiden, die das Leben eines Selbständigen bis zur Offenbarung belasten, auch eine verlockende Offerte. Es geht um eine Apanage, die aus Briefen wächst. Ein Einsatz von nur DM 1.500,00 wird binnen kurzem zum pekuniären Bumerang. Sage und schreibe DM 768.000,00 werden ihr angespanntes Portefeuille merklich entlasten.

Wirkt Pachulke Wunder, werden Sie sich jetzt fragen? Die Antwort lautet in diesem Fall nein. Das »Wunder« ist eines der Algebra. Nur acht verläßliche Freunde benötigen Sie, von denen ein jeder seinerseits wieder auf acht Bekannte zugreifen muß und so fort. Wenn alle bis ins letzte Glied pünktlich zahlen, wächst sich das nach dem Schneemannprinzip aufgewälzte Vermögen rasch zur Geldlawine aus. Ich habe meinen Teil schon beigetragen und die genannte Summe einem mir bis dato unbekannten Herrn Kapielski überstellt, dessen Namen von der Liste gestrichen und den meinen zuunterst angefügt. Acht Personen aus dem Hause müssen nun ihren Teil an einen Herrn Butzmann entrichten, den ich im Laufe der nächsten Woche einmal anrufen und fragen werde, ob das Geld schon eingetroffen ist.

Ich habe die folgende Auswahl unter Ihnen getroffen, liebe Mieter und Untermieter, und zwar nach Miethöhe und Lebensstil, damit der Fortgang unseres Geschäftes nicht durch lästige Insolvenzen oder saumselige Zahlungsmoral gestört wird: Herr Prellnitz lebt ja wegen seines abseitigen Gusto, was das Sexuelle angeht, in ständiger Furcht vor dem Kadi und wird hier nicht durch Verweigerung auffällig werden wollen, der sonst so geizige Herr Riedel hat gerade Erkleckliches geerbt, der junge Seibert bekommt genug von zu Hause, Frau Bongé hat noch ihre Kanäle aus dem alten System von drüben, Herr Dr. Wülfing ist schließlich Zahnarzt, die Demirels erraffen genug mit der ständigen Schwarzarbeit, die ja auch nicht auffliegen soll, für meine Zukünftige, Fräulein Eichberg, habe ich selbst schon ausgelegt – und ein Dr. Kutschki läßt niemals eine Gelegenheit aus, sich auf Kosten anderer zu bereichern.

Wenn diese Springflut aus Geld erst einmal ins Rollen gekommen ist, werden auch die anderen Mieter von ihr profitieren können. Ich rate ihnen schon jetzt, das erforderliche Sümmchen anzusparen. Sie werden es gewiß nicht bereuen, denn ein Kettenbrief, wie diese Form des Gelderwerbs auf amerikanisch heißt, ist keineswegs Utopie. Stellen Sie sich bitte vor, welchen Segen ein solcher Kettenbrief über ein hungergeplagtes Land wie Indien oder China bringen könnte, die mit ihrer gewaltigen Übervölkerung für eine immense Verbreitung dieser Geldschreiben ideal sind! Aus Hungernden würden Satte, aus Armen im Handumdrehen Zufriedene, die allesamt plötzlich ihr Auskommen hätten. Als Asylanten und Autodiebe würden sie uns jedenfalls nicht mehr zur Last fallen. Ja – ich wage die Behauptung, daß dann der

Tag auch nicht mehr fern sein wird, da Habgier und Neid vollständig von der Erdoberfläche getilgt sein werden.

In unserem Haus wird dieses Glück seinen Ausgang nehmen. Die längst überfällige Mieterhöhung, die ich Ihnen in der Anlage übersende, schrumpft da zur Marginalie.

Mieter aller Etagen, schließt Euch eng zusammen zur Geldbriefkette!

Ihr Hausherr Pachulke

Berlin, in der 10. Woche 1994

Liebe Mieter und Untermieter!

Die Familie ist ein warmer Ofen. Ich selbst bin im Kreise einer weit verzweigten Verwandtschaft aufgewachsen, die zusammenstand wie Pech und Schwefel, wenn Unbill und Kälte drohten. Ich erinnere mich noch gut, wie ich winters, kaum angetan mit dem gerade einmal Nötigsten, gegen den unerbittlichen Frost für endlose Stunden draußen Schneemänner buk, während Onkel Werner mit meiner lieben Mutter in der Stube die Blutsbande mit Punsch begoß. Onkel Werner war ein lustiger Geselle. Jedesmal, wenn er aus der Stadt kam, gab er mir einen Taschenkamm aus seinem Musterkoffer. Kein Haar in der Suppe vermochte unsere Bande zu trüben. Daran habe ich fürderhin festgehalten.

Meine Tochter Dagmar ist ein Flittchen – es tut mir leid, das sagen zu müssen. In schwerer Stunde hat sie ihren Mann, meinen Schwiegersohn Goran, im Stich gelassen. Aus dem Krankenhaus, wo sie wegen eines nichtssagenden Streifschusses behandelt worden war, kam sie gar nicht erst nach Hause, sondern warf sich gleich dem Bummelstudenten Rößke an den Hals. Seitdem hält sie sich bei ihm im dritten Stockwerk links auf. Ich kann mich in Goran gut hineinversetzen. Der Scherbenhaufen, den Dagmar ihm eingebrockt hat, jagte ihn heim, an die Brust des mütterlichen Balkan. Unterdessen stillt Rößke sein unersättliches Verlangen an meinem Fleisch und entschuldigt sein Tun auch noch mit einer abenteuerlichen Räuberpistole, die so nur ein liederlicher Blaubart wie er ersinnen kann. Es spricht sogar für Goran, daß er seine geliebte Beretta genauso pflegt wie alles, was zu ihm gehört. Und außerdem: Hätte Goran richtig gezielt, könnte Rößke seinen abartigen »Hobbys« auch noch die Nekrophilie hinzufügen.

Dagmar ist immer noch meine Tochter. Der Einfluß von Rößke mag im Moment die Eigenschaften hochspülen, die ihre Mutter ihr mitgegeben hat. Aber ihre Treulosigkeit, ihr Hochmut, ihre Unpünktlichkeit sind nur vorübergehende Erscheinungen. Es verbindet sie auch viel mit mir. Zum Beispiel streicht sie die Butter genauso wie ich und trinkt gern einmal einen Amaretto. Und sie ist ebensowenig wie ich für ein Leben auf der Etage geeignet. In Mietskasernen aufzuwachsen und zu leben, ist einer Pachulke nicht würdig. Meine Dagmar braucht Auslauf. Vielleicht war es ungeschickt von mir, zugelassen zu haben, daß Goran und Dagmar gleich nach ihrer Vermählung in die Wohnung über dem »Crna Ruca« eingezogen sind. Goran bemerkte diesen Fehler schneller als ich und fand eine Bleibe in der Pension »Juliette«. Aber ich möchte wiedergutmachen, was ich einst versäumt habe – auch um die Ehe meiner Tochter zu retten und dem Rößke das Nachsehen zu geben.

Ab sofort werden Dagmar und Goran mit mir in meiner Villa am Rehkitzsteig leben. Ich habe ihnen das Schlafzimmer zugeteilt, das noch meine Geschiedene eingerichtet hat. Morgens werden wir gemeinsam auf der Terrasse frühstücken. In der Küche wird Dagmar ein eigenes Reich vorfinden, in dem sie sich nach Herzenslust betätigen kann. Goran übertrage ich Rasen und Pool. Wenn es die beiden Eheleute gelüstet, können sie sich durch die Schiebetüre Koseworte zurufen, während ich in meinem Schaukelstuhl den Nachwuchs in den Schlaf wiege. Für seine Geschäfte steht Goran selbstverständlich mein Arbeitszimmer zur Verfügung. Es sind auch schon einige Briefe für ihn eingetroffen. Von meinem Schreibtisch aus kann er sich auch mit Herrn Biesenkamp von der Sparkasse in Verbindung setzen. Der gute Mann legt eine Heidenangst um den Kredit an den Tag, für den ich gebürgt hatte. Biesenkamps Erregtheit war auch nicht mit einem Hinweis auf Gorans vorübergehende Auslandstätigkeit zu zerstreuen. Zuletzt mußte ich sogar den Hörer einhängen. Der kleinkarierte Filialleiter sollte uns Pachulkes inzwischen kennen! Schließlich wohne ich schon dreißig Jahre hier und bin Kunde seines Instituts.

Es grüßt vom Rehkitzsteig

Ihr Hauswirt Theodor Pachulke

IV. Abschied

Berlin, in der 11. Woche 1994

Liebe Mieter und Untermieter!

Die deutsche Eiche ist mir heilig. Fest und unverrückbar steht sie über tausend Jahre in der Erde – wie ich. Ein solcher Baum bietet dem Wanderer Wehr vor Donner und Blitz, er wiegt sich im Wind, er wechselt die Blätter, aber verpflanzen läßt er sich nicht. Eben deshalb habe ich mir meine Schrankwand aus Eichenfurnier schnitzen lassen – auch wenn meine Frau seinerzeit partout nicht einverstanden war. Sie meinte im Verein mit ihrem Architekten, daß ein solches Traditionsmöbel nicht in unseren Bungalow paßte. Aber ich setzte mich durch. Wenn meine Frau meinte, daß sie mit dem weibischen Planer glücklicher werden würde: bitte schön, Reisende hält man nicht auf. Inzwischen sind die beiden längst wieder geschieden. Die Eichenschrankwand und ich hingegen sind zusammengeblieben. Sie konnten sich bei meinem gestrigen Umzug davon überzeugen.

Ich spreche Sie heute nicht nur als Vermieter, sondern auch als Ihr neuer Nachbar an. Schon als ich Ihr Heim gerade erworben hatte, war mir bewußt, wie schwer es sein würde, den Abstand unserer getrennten Wohnsitze zu überbrücken. Spätestens seit ich meinen Führerschein aufgegeben habe, wurden mir die täglichen Fahrten von meiner Villa im Grunewald zu Ihnen allmählich zur Last, zumal da die überteuerten Taxen inzwischen oft von Landesfremden absichtlich in die Irre gesteuert werden.

Ehe ich mich mit einem Wörterbuch abschleppe, ziehe ich lieber gleich ein – das war meine Überlegung. Der immergleiche Trott im weltfernen Vorort hatte mir ohnehin nicht mehr gepaßt. Ich war dort gezwungen, unter tattrigen Pensionären zu leben, zu denen ich mich nicht zähle. Als dann auch noch eine Kommission von meiner Bank erschien, um mein Gebäude zu taxieren, wollte ich gar nicht mehr die Aufklärung des Mißverständnisses abwarten, das zur Zwangsversteigerung führen soll. Mein Entschluß war längst unumkehrbar.

Ich hatte mich in das Konstrukt aus Beton und Glas nie recht einleben können, das ein Würstchen von Baumeister entworfen hatte, der in jeder Hinsicht kleinere Brötchen buk als ich. Meine Frau hatte wohl eingesehen, daß sie mir das Wasser nicht reichen konnte, und sich vermutlich deshalb diesen antriebslosen Herrn Jansen ans Bein gebunden. Leider schlug sich das auch auf die Stimmung im Bauwerk nieder. Meine geliebte Collierüdin Dagmar ging daran sogar zugrunde. Das ist jetzt dreißig Jahre her. Ich habe unablässig gelitten. Sie können mir glauben – ich bin Herrn Biesenkamp von der Sparkasse dankbar, daß er mir diesen Bremsklotz von den Schultern genommen hat.

Die gemütliche Wohnung im idyllischen Gartenhaus, die mir Herr Placzek hinterlassen hat, bietet mir erstmals in meinem reichen Leben alle Annehmlichkeiten des Asphaltdschungels. Zugleich ist sie ein Hort, wo ich mich vor der Welt verschließen kann, Tür an Tür mit jungen Leuten. Von hier aus werde ich endlich die Zukunft unserer Hausgemeinschaft persönlich gestalten. Daß meine Schrankwand aus Transportgründen unten im Stiegenhaus bleiben mußte, soll Ihnen allen ein Signal sein: Ich bin bereit, meinen Luxus zu teilen. Ihnen, meinen Mietern und Nachbarn, wird es zugute kommen – da kann Frau Bongé aus dem Erdgeschoß noch so oft lamentieren, daß ihre Abschlußtüre verstellt sei. Soll sie eben abnehmen. Einem Dünneren gelingt es allemal, sich durch den Spalt zu zwängen.

Als Nachbar grüßt

Ihr Theodor Pachulke

Berlin, in der 12. Woche 1994

Liebe Mieter und Untermieter!

Die Sühne ist die große Schwester der Schuld. Sie muß eintreten, wenn aus Verfehlungen Verbrechen werden, und das nicht aus bloßer Rachsucht, nein – sie dient auch dem Schutz der Allgemeinheit als Ganzem. Leider ist die Rolle der Bestrafung von modernistischen Reformern immer weiter aus unserer Rechtsordnung herausgedrängt worden, und so nimmt es denn kein Wunder, daß Herr Kolschewski seine Zelle vorzeitig mit dem bequemen Ehebett im Souterrain unseres Hauses tauschen konnte, wo er sich »bewähren« soll. Bei allem Respekt vor unseren Justizbehörden kann ich mir nicht vorstellen, daß der Delinquent nun plötzlich vor Ablauf seiner Strafzeit geläutert sein soll. Ich weiß zwar nicht genau, welcher Art seine Straftat war, kann es mir aber zusammenreimen. So schamhaft, wie sich die Kolschewski während der gesamten Haftzeit über ihren Mann ausschwieg, kenne ich sie sonst nicht – ganz im Gegenteil. Je mehr ich in sie drang, desto verstockter wurde sie. Da kann es sich ja nur um eines handeln – womöglich noch mit Minderjährigen. Eine dergestalt veranlagte Abart kann doch nicht binnen 18 Monaten in einer komfortablen Zelle mit Farbfernseher, warmer Dusche und sonstigen Annehmlichkeiten ins Erträgliche geregelt werden. Nehmen Sie »Elton«, den Kater von Prellnitz/DePaoli (erter Stock rechts), der von seinem verwilderten Triebleben letztlich auf meine Veranlassung hin erlöst werden konnte. Das

Tier ist heute ruhiggestellt, schnurrt dankbar und streicht mir auch dann noch um die Beine, wenn ich seine Herrchen etwas härter anpacken muß. Einfaches Einsperren hätte hier gewiß nichts bewirkt. Im Falle Kolschewski ist das Kind allerdings bereits in den Brunnen gefallen. Ich kann nur allen Eltern nahelegen, die Sprößlinge jetzt noch besser zu beaufsichtigen und sie auch ausreichend mit Süßigkeiten zu versorgen, bevor es dem Unhold gelingen kann, die genäschigen Kleinen auf Abwege zu locken. Natürlich ist das alles andere als gesund – aber Sie haben die Wahl: Karies oder Koitus.

Vor allem die kleine Janine Demmler aus dem Souterrain liegt mir bei meiner Warnung besonders am Herzen. Erst ich habe ihr die Tür zum noch dunklen Raum holder Weiblichkeit einen Spaltbreit aufstoßen können. An ihrem Körper knospen die Zeichen der Entwicklung und formen sich unter dem luftigen Leibchen. Ich konnte mich selbst von ihrer Reife überzeugen, als ich ihr half, das viel zu große Fahrrad ihrer Mutter in den Ständer zu bugsieren. Leider wurden wir unterbrochen. Was auch immer Herr Prellnitz und seine Konsorten herumtratschen mögen, ich habe Janine auf dem Hof nicht etwa »angetatscht«, nein – das war nichts anderes als eine Referenz an Mutter Natur, ein Hochamt am schönen, schwachen, zarten Geschlecht. Die nymphenhafte Unschuld des erwachenden Schulmädchens verbietet einem Kulturmenschen wie mir jeden weiteren Gedanken. Aber davon kann ein Prellnitz naturgemäß nichts wissen, der verurteilt ist, sein Wesen nur im männlichen Umgang auszuleben. Wer die natürliche Ordnung nicht akzeptiert, soll von »Perversion« nicht zu reden anfangen. Mit ihrem Ekel vor der Reinheit Janines verrät die genannte Person ein Erkleckliches über sich selbst. Das junge Ding mag zwar nicht akut gefährdet sein. Aber solange Herr Prellnitz bei uns wohnt, muß vorderhand die Knabenschaft unseres Hauses vor seinen gefährlichen Abirrungen auf der Hut sein.

Vielleicht mache ich mir auch zuviele Sorgen und schütte das Kind mit dem Bade aus. Wenn ich den unmittelbaren Anwohnern Glauben schenken darf, hat sein Wohngefährte, Herr DePaoli, ja einen lindernden Einfluß auf diesen »Herrn« Prellnitz. Aber wie lange noch?

Immer mit offenen Ohren und Armen für Ihre Nöte grüßt

Ihr Hauswirt Theodor Pachulke

Berlin, in der 13. Woche 1994

Liebe Mieter und Untermieter!

Frauen – wer kann sie verstehen? Sie sind für die meisten Männer viel zu starker Tobak. »Wenn Du zum Weibe gehst, vergiß die Pfeife nicht« – so hat Freud es ausgedrückt. Und wahrhaftig, man braucht eine Engelsgeduld für diese berückenden, aber launischen Geschöpfe. Vielleicht entschlagen sich deshalb Leute wie Prellnitz und sein Wohngefährte Herr DePaoli der Zumutungen des schönen Geschlechts. So umgänglich die beiden sind – vorgestern brachten sie mir sogar meine Pappnase zurück, die ich bei einem ihrer Freunde liegengelassen hatte –, ihre Scheu, sich auf die Herausforderung Frau einzulassen, zeugt von einem Mangel an Mut. Aber wer das Risiko scheut, empfängt auch keinen Lohn. Mich hingegen erwartet reiche Segnung.

Ich hatte Gertrud lange nicht gesehen. Ob sie nun beruflich unterwegs war oder mir tatsächlich nach meinem Zusammenstoß mit Kutschki aus dem Weg gegangen ist, das will ich jetzt gar nicht mehr wissen. Denn es ist gestern ein Ereignis eingetreten, das den angebrochenen Abend meines Lebens mit einem Mal wieder zum Frühling macht. Es war ein früher Morgen, Gertrud brachte etwas Unrat zur Tonne. Ich konnte von meinem Fenster aus beobachten, wie sie sich plötzlich abstützen mußte und gleich darauf übergab. Bei jedem anderen hätte ich eingegriffen, bei meiner Holden hingegen geriet ich in tiefe Sorge. Zum Glück hatte sich Gertrud gleich wieder berappelt und war auch schon verschwunden.

Erst die gute Kolschewski, die so einiges für mich mithört, konnte mich aufklären. Sie kannte sogar den Namen von Gertruds Arzt. Es ist der Gynäkologe Dr. K. Beyer am Innsbrucker Platz! Ja – Sie haben recht gelesen: Ihrem Hauswirt und Nachbarn Theodor Pachulke wächst ein Stammhalter zu. Erst jetzt kann ich verstehen, warum Gertrud sich nach unserer Liebesnacht im Faschingskostüm rar gemacht hat. Mit meiner Leibesfrucht im Bauch hat ihr Leben einen neuen Sinn bekommen. Das will erst einmal verdaut sein.

Was für ein Idiot bin ich gewesen! Die Episode mit dem impotenten Kutschki war doch nur eine harmlose Nichtigkeit, über die ich mich gar nicht erst hätte aufregen dürfen. Sicher – seine abgefeimte Niedertracht, sich Gertruds von Hormonen gesteuerte Unsicherheit zunutze zu machen, entblößt den greisen Lustmolch einmal mehr bis auf die nackten Knochen. So war meine Züchtigung vielleicht doch noch gerechtfertigt. Aber ich hätte auch bedenken müssen, daß es Wichtigeres gibt ...

Von heute an wird unser Haus im Zeichen der Ankunft eines neuen Bewohners stehen. Sie werden bemerkt haben, daß der kaputte Kokosläufer im Vorderhaus von den Treppen entfernt ist. Jetzt mag das Geläuf etwas lauter sein, aber das werden Sie ja wohl ertragen, wenn Sie daran denken, daß Gertruds gesegneter Leib jetzt sicher ins vierte Stockwerk gelangt. Mein Sohn soll ja nicht an einem losen Faden straucheln.

Und was Kutschki angeht: Über diese Jammergestalt kann ich nur noch lachen. Mir ist zu Ohren gekommen, daß er Gertrud beim Kauf eines Kinderwagens beraten und das erste Gefährt meines Sohnes zum Schluß sogar noch bezahlt hat. Lassen Sie sich eines gesagt sein, Herr Doktor Kutschki: Vom Händchenhalten im Treppenhaus kommen keine Kinder, auch wenn man noch so fest drückt.

Aus anderen Umständen grüßt Sie

ein überglücklicher Pachulke

Berlin, in der 14. Woche 1994

Liebe Mieter und Untermieter!

Unter den Sünden ist der Verrat das Schwein – ausgestoßen, verachtet, zu Recht mit Füßen getreten. Selbst noch die übelsten Verbrecher lassen einen Verräter nicht bei sich am Tisch sitzen, denn er ist schlimmer als der Mörder. Er meuchelt nicht den einzelnen, sondern die Gemeinschaft an sich. Besonders tückisch sind diejenigen, die in der Maske des Biedermanns ihre Mitmenschen entzweien. So jemanden haben wir unter uns.

Ich habe mich lange um Frau Kolschewski bemüht. Es war umsonst. Wie verdorben ihr Charakter ist, habe ich erst am heutigen Vormittage erfahren müssen. Mein Schwiegersohn Goran hatte sich zum Besuch angekündigt, und ich bat die Concierge, etwas Blechkuchen für diesen Anlaß vorzubereiten. Doch statt gleich an den Herd zu eilen, plusterte sich diese Person auf wie ein Pfau und wagte es, mich mit einem Ratschlag zu belästigen: Mit ihrer quakig nörgelnden Stimme wies sie mich darauf hin, daß Goran womöglich Ärger mit den Behörden habe. Und wie zum Beweis rutschte es dieser Schlange von Hausbesorgerin auch noch heraus, daß sie bereits von der Kriminalpolizei befragt worden sei. Was immer die zwei Schergen von der Sitte gegen Goran in der Hand haben mögen, ich jedenfalls lasse es nicht zu, daß in meinem eigenen Haus über meine Familie schlecht geredet wird. Ich pfeife auf die ungebetenen »Warnungen« der Kolschewski.

Sie alle können mir danken, daß ich dieses widerliche Wesen von seinem Posten entfernt habe. Wir haben die Kolschewski ohnehin nicht mehr gebraucht. Meine neue Kalkulation für unser Haus sieht gar kein Geld für eine Hausmeisterin mehr vor. Um die Reinigung der Stiegen kümmert sich in Zukunft meine Tochter – ob sie will oder nicht. Schließlich habe ich lange genug für Dagmar und ihre Launen berappt. Jetzt ist es an der Zeit, mich dafür zu entgelten. Das bißchen Putzen und nach Ordnung Sehen ist da nur ein Anfang.

Solange die Denunziantin noch nicht ausgezogen ist, kann ich Goran leider nicht bei uns im Hause empfangen. Heute ließen wir es mit einem Treffen in den »Düsseldorfer Stuben« bewenden. Es zog sich so lange hin, daß wir auch nicht mehr in meiner Bank vorbeischauen konnten, wo noch der Filialleiter Herr Biesenkamp wegen Gorans Kredit wartete. Stattdessen machte Goran eine weit reizendere Bekanntschaft: die kleine Janine Demmler aus dem Souterrain.

Zwischen den beiden entspann sich sofort ein gutes Gespräch. Goran bot ihr immer wieder Zigaretten an, die sie mit kicherndem Vergnügen rauchte. Ich überließ Goran meinen Wagen, mit dem sie ihre Unterhaltung in einem anderen Lokal fortsetzten, wo man auch tanzen kann. Wie ich scheint Goran an der fast Sechzehnjährigen die entwickelte Fraulichkeit zu schätzen. Er äußerte sogar, große Pläne mit ihr zu haben. Wer weiß – vielleicht kann

Janine ja in seinem florierenden Ex- und Importunternehmen mitwirken. Mit Janine hätte Goran jedenfalls ein glücklicheres Händchen beim Personal als ich. Dieses hinreißende Geschöpf wird meinem Schwiegersohn nie und nimmer die Treue brechen.

Die ganze verschworene Hausgemeinschaft grüßt

der Patron Theodor Pachulke

Berlin, in der 15. Woche 1994

Liebe Mieter und Untermieter,

arme Frau Demmler! Arme, arme Frau Demmler! Sie hat es weiß Gott nie leicht gehabt: Einen notorischen Säufer und Lottospieler zum Ehemann, fünf verwahrloste Blagen und dann noch die ständige Geldnot. Erniedrigung und Schläge sind ihr tägliches Brot. Kein Wunder, daß die Liebe immerzu Trost im Schoß des Glaubens sucht, wo sie schnöde mit Kruzifixen und Rosenkränzen abgespeist wird. Sicher hat sie sich selbst auch manches zuschulden kommen lassen. Aber diese Sühne, die jetzt auf sie kommt, hat sie wahrlich nicht verdient.

Wie richtig meine Maßnahme zur Verbesserung des hausinternen postalischen Zustellverkehrs und die Einführung von persönlichen Mietleitzahlen vor der Namensnennung war, das bestätigt sich gegenwärtig. Kritikaster und Miesmacher müssen spätestens jetzt beschämt verstummen. Bei meiner Durchsicht der Tagespost nämlich konnte ich einen Brief Herrn Demmlers an seine Gattin sicherstellen. Zum Glück las ich das ruchlose Schreiben, bevor ich es der unglückseligen Adressatin im Souterrain einhändigen konnte. Ich habe eine Antenne für menschliches Leid, und sie hat mich einmal mehr nicht getrogen. Ich frage Sie: Was muß man davon halten, wenn der Mann aus heiterem Himmel dazu übergeht, mit seiner eigenen Frau brieflich zu verkehren? Ist das Gespräch etwa erstickt, das Gefühl erloschen, das Geschlecht vertrocknet? Alles in mir sträubt sich, aber nach Lage der Dinge muß ich es vermuten. Sie werden es selbst bemerkt haben, daß Herr Demmler nun schon seit zwei Wochen nicht mehr im Hause erschienen ist. Sein Brief mit Datum vom 22.2. d.J. bietet Aufschluß. Ist nicht unsere liebe Nachbarin allein schon durch die Anrede »Mein Schweinchen« gewissermaßen in den Koben gestoßen? Und die Banalitäten, die er ihr dann auftischt! Von schönem Flug ist da die Rede, von Essen, Gastfreundschaft und sogar von der Schuhputzmaschine im Hotel – führen sie einen im Gebrauch der Sprache Geübten nicht geradezu auf die Sudelspur dessen, was tunlichst vertuscht bleiben soll? Gleichviel, die Tatsachen liegen auf der Hand. Demmler ist nach Dubai ausgebüxst, unter dem höchst fadenscheinigen Vorwand eines »Montageauftrages« seiner Fernmeldefirma. Als ob in diesem islamischen Kongo jemand ein Telefon der Buschtrommel vorzöge! Nein – ein Demmler ist auf anderes aus, nach all den öden Jahren mit seiner gewiß nicht mehr ganz taufrischen Bettgenossin nicht unverständlich. Da sind die Metzen aus Mekka und Medina von anderem Kaliber. Von Klima und Rasse erhitzt, kopulieren sie sogar mit bloßer Luft (!), was verharmlosend unter »Bauchtanz« firmiert. Ja, man könnte ihn fast beneiden, diesen Filou, brächte er im Orient nicht das mühsam Angesparte durch, während seine sitzengelassene Brut mich über kurz oder lang einmal mehr um Mietstundung angeht. Was mich besonders in Empörung versetzt, ist die Heuchelei am Ende seines Abschiedsschreibens. Abgeschmackt, wie er sich noch nach jedem Kind einzeln erkundigt, abwegig, wie er allesamt seiner Liebe versichert. Und zum Schluß auch noch blasphemisch: Er hat die Stirn, Gottes Segen auf das Haupt einer Frau herabzuflehen, die nichts gelernt hat und der darum nichts anderes bleiben wird, als ihr Geld künftighin auf der Straße zu verdienen. Da kann Gott nicht mehr helfen, hier muß ich selbst Remedur schaffen.

Scheidung tut weh. Mein ganzes Mitgefühl gilt den Hinterbliebenen. Wir können von Glück sagen, daß wenigstens die entzückende Janine eine feste Bleibe bei meinem tüchtigen Schwiegersohn Goran gefunden hat. Um sie brauchen wir uns keine Sorgen zu machen. Im Gegensatz zu den anderen. Alle Hausgenossen müssen jetzt gemeinsam das Los der Familie lindern. Keinem bricht ja wohl ein Zacken aus der Krone, wenn er dann und wann einmal im Souterrain hereinschaut und sich nach dem Befinden der Demmlerin erkundigt. Überdies können unsere Herren im Hause die väterliche Hand, der die armen Würmer so sehr entbehren, durch eine gelegentliche Backpfeife vertreten. Gründe dafür gibt es ja immer. Sie sollen die kurze Zeit, die sie noch hier sind, bis sie in eine staatliche Anstalt verbracht werden, nicht unter mangelndem Zuspruch darben.

Voll tätiger Nächstenliebe grüßt Sie

Ihr Hauspatron Theo Pachulke

Berlin, in der 16. Woche 1994

Liebe Mieter und Untermieter!

Von den Elementen ist das Feuer mir das nächste. So wie es mich im Kriege gestählt hat, wird es mich nach meinem Tod zu sich nehmen: Die lodernde Lohe ist meine Bestimmung. Ja, ich kann mit Fug und Recht behaupten, daß die züngelnden Flammen nicht nur mein Schicksal, sondern meine Freunde sind. Ich bin ein Gleichgesinnter. Es brennt auch lauthals in mir.

Herr Kolschewski ist im Gefängnis zum Weib geworden. Anders kann ich mir die zimperliche Hysterie nicht erklären, mit der er das belanglose Feuerchen unter Kutschkis Auto gelöscht hat, noch bevor es sich zu einer verzehrenden Brunst entwickeln konnte. Daß er dabei den Feuerlöscher mißbrauchte, der allein für Brände im Hause vorgesehen ist, werde ich ihm in Rechnung stellen. Eine Kulanz wäre bei so einem Ex-Sträfling fehl am Platze. Er verstößt ohnehin täglich gegen die Bewährungsvorschriften. Gestern zum Beispiel beschaffte er Getränke für eine »Feier« im dritten Stockwerk. Es handelte sich um Kutschkis Polterabend.

Wie ich erfahren mußte, hat Gertrud am Scheideweg die falsche Richtung eingeschlagen. Die heutige Frau Kutschki ist eine Hure – nichts weniger. Oder wie würden Sie, liebe Mieter und Untermieter, eine Frau nennen, die ihrem Ehemann das Balg eines Fremden unterschiebt?

Ich kann mich an die Zeugung von Kutschkis Bankert noch erinnern, als sei es gestern gewesen und nicht am Fasching. Nur der Einfluß des Alkohols konnte mich soweit bringen, auf die Avancen der reizlosen Reiseleiterin einzugehen. Zum Glück war sie maskiert – ihr wahrer Anblick hätte meine Glut niemals entfachen können. Aber sie hatte einiges davon. Die Brunftschreie ihres dunklen Organs klingen mir noch in den Ohren. Die Tatsache, daß all das an ihrem fruchtbaren Tag geschah, wird nur noch von der Hinterlist übertroffen, mit der sie mich von ihrer Schwangerschaft wissen ließ. Als diese Tour bei mir nicht lief, geriet sie in Panik und wärmte das Bratkartoffelverhältnis mit dem Winkeladvokaten auf. Aber diese Beziehung, der die Behörden den Namen »Ehe« übergetüncht haben, wird keinen von beiden befriedigen. Eines lassen Sie sich gesagt sein, Kutschki: Gertrud mag eine Nutte sein, ein Freudenmädchen ist sie nicht! Und auch Gertruds Blütenträume werden sich nicht erfüllen. Ihr Gatte ist pleite. Seine Bank gibt ihm schon keine Kontoauskunft mehr. Woher ich das weiß? Meine verstellte Stimme ist am Telephon von seiner nicht zu unterscheiden.

Kein Wunder, daß sich der verkrachte Anwalt jetzt neue Erwerbsquellen sucht. Sein »Polterabend« war doch in Wahrheit nur die Eröffnung eines Bordells, in dem Gertrud ihren ranken Körper feilbietet und den Tanz der sieben Schleier gibt, während ihr frischgebackener Gatte die Kröten abzählt. Da kann er sich dann auch einen Sträfling als Handlanger leisten, der ihm nicht nur billigen Sekt und Drogen aufs Zimmer bringt, sondern auch seinen Wagen mit meinem Feuerlöscher schützt. Aber so leicht ist dieser Brand nicht zu stillen. Kutschki kann sich noch auf viele Feuer gefaßt machen – spätestens, wenn er von seiner Hochzeitsreise zurück ist.

Im Grunde ist das Unglück, das Frau Bongé in die Ambulanz gefahren hat, nur der gerechte Lohn für ihre Blumengabe vor dem Standesamt. Ich jedenfalls kann nichts dafür, daß sie sich noch im Treppenhaus eine Zigarette anstecken mußte und damit die in meiner Schrankwand gelagerten Brandmittel entzündete. Dafür, daß der Feuerlöscher leer war, kann sie sich bei Herrn Kolschewski bedanken. Und immerhin kommt sie jetzt auch wieder leichter in ihre Wohnung. Mein Möbelstück hindert sie jedenfalls nicht mehr daran.

Bis zum nächsten Brandbrief grüßt sie

Ihr Hausherr Pachulke

Berlin, in der 17. Woche 1994

Liebe Mieter und Untermieter!

Frauenherzen fliegen mir allerorten zu. Ich weiß nicht, woran es liegt: Sind es meine geschmeidigen Bewegungen, die den versierten Liebhaber signalisieren, ist es die hohe Stirn des Denkers, der feste Blick des Frauenkenners, oder erregt allein schon die Vornehmheit meiner Ausstrahlung die Sympathie der Damenschaft? Ich kann es nicht erklären, aber jedesmal wenn ich einem weiblichen Wesen begegne, werfe ich – ohne es wirklich zu wollen – ein Lasso der Leidenschaft aus. Hinter dessen Gitterstäben bleibt diesen Opfern des Gefühls oft nichts anderes, als auf und ab zu schleichen wie der Tiger von Rilke. Selbstredend nutze ich dieses Geschenk des Liebesgottes Mars mitnichten aus. Sie wissen: Ich bleibe stets ein Gentleman – auch und gerade in äußerster Anfechtung. Dafür hat der vergangene Freitag ein weiteres handfestes Beispiel geliefert.

Jede Stadt hat Licht und Schatten. Ich kenne sie beide. Über die Boulevards der Eitelkeiten flaniere ich genauso selbstsicher wie auf den Trottoirs der Gosse, denn die Vorurteile der Spießer sind mir schnuppe. In den rauchgeschwängerten Spelunken der Halbwelt, in Gesellschaft von hüstelnden Kokotten, absinthseligen Literaten, Schiebern und Matrosen fühle ich mich allemal wohler als im bourgeoisen Wohnzimmer eines Kutschki, wo der miefige Odem des Stillstands die Atemluft verpestet. So spazierte ich am hellichten Freitagmittag über die wohlbekannte Kurfürstenstraße. Dort warten zahlreiche Damen auf ihre Begleitung und vertreiben sich die Zeit bei einem Zigarettchen. Sie können sich denken, daß meine Erscheinung Furore machte. Noch während ich mich unten den Frauen umsah, trat Janine Demmler auf mich zu. Die Ärmste hatte sich aus schierer Geldnot nur mit dem knappsten aller Kleidungsstücke angetan. Keine Frage, sie dauerte mich sogleich, und als sie mich auch noch um eine finanzielle Unterstützung bat, nahm ich sie mit in unser Haus. Sie begriff mich als einen Verbündeten, der sie versteht. Ich versprach ihr, ihrer Mutter nichts von ihrem Besuch zu sagen. Janine wollte aus ihrer selbständigen Existenz nicht wieder in die Abhängigkeit der Arbeiterfamilie im Souterrain gerissen werden.

Janine hat sich sehr verändert. Aus dem schüchternen Mädchen mit Zopf ist eine selbstbewußte Dame geworden, die nichts von ihrem Körper verbirgt und auch ein direktes Wort nicht scheut. Sie legte gleich nahezu ihre gesamte Kleidung ab. Es ist offensichtlich allerhöchste Zeit, die Heizperiode zu beenden. Während ich mit ihr noch über den Fortgang des Nachmittages sprach, klingelte es. Goran war auf der Suche nach ihr. Als er sie bei mir in guten Händen wußte, überließ mir der besorgte Chef seine Angestellte für den Rest des Tages, um sich selber seinen anderen jungen Arbeitskräften zu widmen. Plötzlich brach Janine in Tränen aus. Die Anstrengungen des Berufslebens waren wohl doch ein bißchen viel für sie

– und jetzt, in den Armen ihres Prinzipals, bemerkte sie es erst. Ich versuchte sie mit einigen Koseworten zu trösten, aber im Taumel ihrer Verzweiflung keifte sie plötzlich los. Mancher von Ihnen, liebe Mieter und Untermieter, wurde bei geöffnetem Fenster zum akustischen Zeugen ihres Unglücks. Mir blieb nichts anderes, als Frau Demmler aus dem Souterrain heraufzurufen.

Die Rabenmutter schloß das nackte Häufchen Elend in ihre Arme, als wäre nicht sie es gewesen, die ihre Tochter im Stich gelassen und aus dem Haus geekelt hat. Es kam wie es kommen mußte: Das schlechte Gewissen der Demmlerin drehte sich ausgerechnet gegen den Retter ihrer schutzlosen Tochter. Aber ich wunderte mich nicht. Heutigentags darf man für eine gute Tat keinen Dank erwarten. Und im Grunde paßt mir die Kündigung der Demmlers nicht schlecht. Von meiner Tochter Dagmar, die jetzt dort einziehen wird, kann ich endlich eine ortsübliche Miete nehmen. So endet der für alle Menschen von Moral unerträgliche Zustand ihrer wilden Ehe mit Rößke.

Im Sinne guten Anstands grüßt

Ihr Hauswirt Theodor Pachulke

Berlin, in der 18. Woche 1994

Liebe Mieter und Untermieter!

Rabatt heißt nicht billiger Jakob. Er wird denjenigen eingeräumt, die bereit sind, neue Wege zu gehen. Nur eine Elite von Erneuerern ist des Discounts würdig und empfängt seine Segnungen. Auch in die Erfurter Straße kommt jetzt Bewegung. Ich wollte ein Zeichen setzen und habe den Anfang gemacht. Ab sofort können Sie Ihre Miete bei mir im Hinterhaus bar entrichten. Ich gewähre Ihnen zehn Prozent Rabatt.

Wer weiß es besser als ich, wie lästig der Verkehr mit Banken sein kann. Es erbosen einen ja nicht nur die Gebühren, die sich die Damen und Herren noch für die selbstverständlichste Handreichung genehmigen, oder der notorische Zeitverzug der Überweisungen, an dem sie sich auf Kosten des Empfängers bereichern. Nein – was mich an diesen Geldsäcken am meisten stört, ist die Arroganz. Noch die kleinsten Lichter im Gefüge der Finanzinstitute halten sich für Richter über rechtschaffene Sparer. Herr Biesenkamp hat sich mir gegenüber eine Dreistigkeit erlaubt, die ihn tief beschämen müßte, wenn er ein anständiger Mensch wäre. Aber er ist ja nur ein kriecherischer Substitut, der sich auf die widerlichste Weise nach oben gedienert hat. Seit er die Filiale am Roseneck leitet, hängt sie am Tropf und muß alle Barmittel flüssig machen, um nicht in den Abgrund gerissen zu werden. Selbst Stammkunden, die seit dreißig Jahren

Treue gehalten haben, werden um ihr Hab und Gut gebracht, weil Herr Biesenkamp und Konsorten auf dem letzten Loch pfeifen. Nichts funktioniert mehr! Die Überweisung meines Schwiegersohnes ist bis heute nicht meinem Konto gutgeschrieben – immerhin 200 000 Mark. Leider kann Goran nicht persönlich Nachforschungen nach dem Geld anstellen: Er ist momentan Tag und Nacht bei der Polizei in Moabit, um falschen Verdächtigungen nachzugehen. Inzwischen wird mir Gorans staatsbürgerliche Pflichterfüllung zum Verhängnis. Biesenkamp nimmt es von den Lebenden und hält sich an meinem Konto gütlich.

Aber ich lasse mir die Frechheiten dieser modernen Raubritter nicht mehr bieten. Seit gestern werden alle Geschäfte im Hause ausschließlich in bar getätigt. Frau Wohlfarth kam gerade von der Post, als ich sie im Hausflur traf. Die freundliche Seniorin kommt noch aus einer Zeit, in der man Respekt vor Münze und Schein hatte. Sie händigte mir ihre Miete minus einem Abschlag von DM 17,23 aus – zunächst aus Mangel an Kleingeld, dann aber auch als Skonto. Diese Chance auf Mietminderung vermochte ein Dr. Wülfing aus dem Hochparterre gar nicht zu erkennen. Der beschränkte Zahnklempner hat zwar Geld wie Heu, aber in seinem Oberstübchen ist nur Stroh.

Bei mir ist allezeit Kassenstunde. Ob es nach der Arbeit ist oder am frühen Morgen: Sie können immer zu mir kommen, zumal da ich beschlossen habe, unsere Gemeinschaft durch meine ständige Anwesenheit zu stärken. Auch in die »Düsseldorfer Stuben« gehe ich nicht mehr. Das Essen dort war ja nie gut, und die überhöhten Preise sind eine Frechheit. Die Wirtin Lilo wollte sich nicht einmal mit meiner großzügigen Ausgleichszahlung von gestern abend zufrieden geben und machte für die paar Mal, die ich dort habe anschreiben lassen, ein Faß auf. Gleichviel – mit ihrem fauligen Fraß, ihrem brackigen Bier und dem verdünnten Cognac soll sie ab jetzt andere vergiften. Ich finde selbst in unserer Mülltonne noch Bekömmlicheres. Herr Prellnitz hat zum Beispiel heute ein taufrisches Huhn einfach so weggeworfen.

Guten Appetit wünscht

Ihr Hauswirt Pachulke

Berlin, in der 19. Woche 1994

Liebe Mieter und Untermieter!

Die Ärzte staunten. Bis auf mein Gipsbein bin ich kerngesund. Trotzdem will ich noch einige weitere Tage hier in der Gerontologie des Universitätsklinikums zubringen. Prominente und Promovierte werden in dieser Abteilung behandelt – wie zum Beispiel mein Bettnachbar Heinz Schenk, der viel Einfluß auf höchste Regierungskreise hat und nur auf Grund einer innerparteilichen Verschwörung hierher eingewiesen wurde. In gewissem Sinne geht es ihm da wie mir. Auf den ersten Blick war es nur eine Unfalleinwirkung, die mich zu Fall brachte. Auf den zweiten Blick ein Anschlag auf das deutsche Verkehrssystem als Ganzes.

Schon lange fühle ich den rhythmischen Puls von Ampelschaltungen, Hinweisschildern und Grünphasen in mir. Mein Hirn ist gewissermaßen mit dem Verkehrsleitsystem gleichgeschaltet. Ich muß mich also bei der Überquerung eines Fahrdamms auf meine Augen nicht mehr verlassen, obwohl diese immer noch falkenscharf sehen. Schlafwandlerisch, nur meinem Instinkt folgend, bewege ich mich durch das rasende Blech und Kubik der Straßenschluchten. Oft sogar erfahre ich dafür Beifall durch begeistertes Hupen, das dem Kfz-Lenker das Händeklatschen ersetzt. So konnte ich auch ein Experiment wagen, das Otto Normalverbraucher halsbrecherisch erscheinen mag.

Ich hatte eine kleine Magenverstimmung. Auf meinem Weg zur Apotheke beschloß ich, die Stadt geschlossenen Auges zu durchmessen. Es gelang. Nur ein Hindernis hielt mich an der dritten Straßenkreuzung auf. Ein Verkehrsterrorist hatte sich vorsätzlich dem Takt der Straße widersetzt und mich mit seinem Vehikel rüde über den Haufen gefahren. Sein rowdyhaftes Herannahen hatte sich schon durch quietschende Reifen und gellende Hupsignale angekündigt und fand in der Karambolage mit meiner Person sein ersehntes Ziel. Zur Verblüffung des Schurken blieb ich zäh wie Juchten und konnte ihm noch vom Asphalt her Paroli bieten, was nicht leicht war, denn ich rang gleichzeitig mit Leben und Tod. Es war ein abgekartetes Spiel: Kumpane aus ebenso verdreckten Karossen versammelten sich sofort und mimten den Zeugen. Ein Mann in der Verkleidung des Schupo nahm die Straftat gar nicht erst auf, obwohl ich mich mit dem ganzen Gewicht meiner Kraft gegen die Konspiration dieser Meuchler stemmte. Aber das Verbrechen hat Nummer und Anschrift, die ich noch feststellen werde.

Im bequemen Krankenwagen ließ ich mich zu Menschen bringen, die wie ich gebildet sind. Der Chefarzt Prof. Radeke gab mir sofort recht. Der Austausch mit mir war ihm so willkommen, daß er mich auch deswegen hierbehält, um den Plausch in aller Ruhe und mit Medikamenten fortzusetzen. Für ein zweites Treffen mit ihm habe ich schon eine Reihe von Vorschlägen zur Verbesserung des Krankenhauswesens gesammelt. Dann werde ich ihm auch den Plan vorlegen, den ich zusammen mit Herrn Schenk ausgetüftelt habe, um den infamen Staatsfeinden, die mir die Knochen gebrochen haben, das Handwerk zu legen.

Ohne Zweifel bekümmert es Sie, daß ich unserem Hause fernbleiben muß und nun nur auf postalischem Wege mit Ihnen Kontakt halten kann. Auch meine täglichen Rundgänge durch Vorder- und Hinterhaus müssen für ein paar Wochen unterbleiben. Als sie gestern an meinem Bett war, habe ich meiner Tochter Dagmar eingeschärft, für die Zeit meiner Abwesenheit das Mietleben noch wachsamer zu beobachten, und ich möchte alle von Ihnen, liebe Mieter und Untermieter, dringend auffordern, jede verdächtige Person, die sich unserem Haus nähert, umgehend stehenden Fußes an Professor Radeke persönlich weiterzuleiten, der unsere Aktion koordiniert.

Alle für Einen!

Pachulke

Beelitz, im Frühjahr

Liebe Freunde!

Ich hoffe, es geht Ihnen gut und Sie vertragen sich, wie damals, als ich noch bei Ihnen war. Wie lange mag das jetzt her sein: eine Woche, einen Monat, vielleicht ein ganzes Jahr? Oder zwei? Ich weiß es nicht. Hier, wo ich jetzt bin, scheint die Zeit dahinzufließen wie der pazifische Ozean. Draußen zwitschern die Vögel und die Wolken ziehen über die Wipfel hinweg. Wie gerne hätte auch ich jetzt Schwingen, um mit meinen neuen Freunden da draußen unter der Sonne zu jubilieren und in den Lüften zu tanzen. Ihre Sprache verstehe ich bereits.

Sie werden ja inzwischen meine frühere Frau Ursula kennengelernt haben. Sie erschien mir im Krankenzimmer des Universitätsklinikums. Es war wie die Wiederkehr eines Engels. Meine Kraft und meine Jugend kehrten zurück im Angesicht dieser alten und neuen Leidenschaft. Ich fühlte mich wie damals, als ich sie in Italien kennenlernte. Und fürwahr – sie war gekommen, um wieder mit mir aufzubrechen. Ursula meldete mich bei Professor Radeke ab und brachte mich hierher nach Beelitz. Als sie wieder abfuhr, versprach sie mir in die Hand, sich zusammen mit meiner lieben Tochter Dagmar um unser Haus zu kümmern. Dagmar kommt auch jetzt noch manchmal, um mich in meiner kleinen Suite zu besuchen. Dann machen wir einen kurzen Gang durch den Park – bis zur Pforte, wo wir einander verabschieden. Jemand vom Personal begleitet mich danach zurück auf mein Zimmer.

Das Hotel, in dem ich die mir verbleibenden Jahre zu verbringen gedenke, ist mehr als erstklassig. Dabei liegt der Luxus nicht in prunkvoller Ausstattung, sondern es sind die hochqualifizierten Dienstleute – viele von ihnen promoviert. Der Hoteldirektor lehrt sogar als Professor an der Universität. Ich muß mich um gar nichts mehr kümmern. Für alles ist gesorgt, Essen, Gymnastik, Unterhaltung. Sogar meine Medikamente bringt mir mein Page Bert ans Bett. Und nicht nur abends ist alles gut abgeschlossen und rund um die Uhr bewacht. Das nenne ich Service. So etwas können sich natürlich nur Leute leisten, die es, wie ich im Leben, zu etwas gebracht haben.

So gut es mir hier geht, ich habe Sie nicht vergessen. Noch oft werde ich der glücklichen Zeit gedenken, die Sie als Mieter und Untermieter mit mir geteilt haben. Für mich war es eine Ehre und Freude, Ihnen vorangestanden zu haben, und ich blicke stolz darauf zurück, nicht nur die Gemeinschaft als Ganzes, sondern auch jeden einzelnen von Ihnen geformt zu haben. Auf dem Wege von Professor Radeke zu meinem jetzigen Refugium hier in meiner Heimatstadt steuerte Ursula auf mein Geheiß den Wagen auch durch die Erfurter Straße. Ich warf noch einmal einen Blick auf unser Anwesen. In der Frühlingssonne erblühte die Fassade im Nachmittagsglück, als freute sich das Gebäude, mich ein letztes Mal zu verabschieden.

Herr Prellnitz im zweiten Stock goß gerade seine Blumen. Als wir in die Wexstraße einbogen, weinte das ganze Haus.

Aber auch hier bin ich von den Nachrichten über Sie nicht abgeschnitten. Meine Freunde, die Vögel, erzählen mir viel von Ihnen. Wie ich von ihnen höre, ist Herr Demmler zu seiner Frau zurückgekehrt und hat seine Familie wieder in den Schoß des Hauses geführt – aber an eine andere Stelle. Es muß wohl der Gedanke an mich gewesen sein, der das enge Herz von Frau Wohlfarth geweitet und zum Wohnungstausch bewogen hat. Schon der Gedanke an das heitere Spiel der Demmlerkinder mit den Sprößlingen der Demirels befruchtet mein Herz, besonders da ich jetzt auch Großvater werde.

Dagmar besucht mich regelmäßig. Bei ihrer gestrigen Visite habe ich prompt den Braten gerochen und es ihr auf den Kopf zugesagt: Sie ist im achten Monat schwanger. Aber nicht von Goran, der mit seiner überlangen Urlaubsreise nach Tegel die Ehe zerrüttet hat. Nach allem, was ich mit Rößke erlebt habe, kann ich doch auch sicher sein, daß er meinem Enkel ein guter Vater sein wird.

Und was ist aus meinem Sohn geworden? Die kleine Isolde ist jetzt fünf Monate alt. Mit Kutschki als »Vater« hätte ich keinen besseren finden können. Er kommt für alles auf, was Gertrud und mein Stammhalter brauchen, und hat überdies mein Vermächtnis gesichert. Seit der Veräußerung unseres Hauses an Herrn Dr. Kutschki brauche ich mich um die Zukunft meines Kindes nicht mehr zu sorgen. Die Warmherzigkeit, die ich dem Advokaten erst beibringen mußte, schießt jetzt allerdings etwas ins Kraut: Kutschki beschäftigt Janine Demmler als Babysitter. Dabei hat dieses Mädchen die schlechtesten Referenzen. Es ist ja wohl allen bekannt, daß sie nach Heroinspritzen süchtig war. Momentan schluckt sie zwar keine, aber mit Drogen ist nicht zu spaßen.

So, meine lieben Freunde. Jetzt ist es höchste Zeit, nach Bert zu klingeln. Ich brauche meine Tabletten. Das Warten macht mich ganz hibbelig.

V. Gestatten, Pachulke!

»Dr. Pachulke. Sind Sie als Mieter hier – oder als Gast?« Mit diesen Worten stellte sich damals unser neuer Hauswirt vor. Schon die Begrüßung war Programm, wie sich später herausstellen sollte. Der hagere Herr im dreiteiligen Anzug legte Wert auf Form und Haltung. Uns Mieter betrachtete er als Schutzbefohlene und Untergebene – manchmal auch als Familienmitglieder. Fremde dagegen sah er nur ungern im Hause. Ihnen gegenüber schlug seine Schüchternheit in schroffe Ablehnung um, während er bei uns Mietern nachgerade vertraulich werden konnte. Auch wenn er sich gern verschlossen und diskret gab, ließ er zwischen Tür und Angel oft einmal etwas fallen: Seine Kindheit in ländlicher Umgebung, die harte Nachkriegszeit und die Behörde, in der er, Pachulke, vierzig Jahre lang seinen Dienst versehen hatte, waren dabei die vorherrschenden Themen. Erst jetzt, im nachhinein, fügen sich diese biografischen Splitter zu einem Lebenslauf zusammen, in dem das Exemplarische seiner Generation genauso enthalten ist wie der persönliche Auswuchs des speziell Pachulkischen.

Wie viele erklärte Berliner stammt Theodor Pachulke gar nicht aus dieser Stadt. Seine Mutter Therese war eine Magd auf dem Gut Tanneck in der Lausitz. Dort hatte sie ihren Mann, den Samenhändler Arnold Pachulke, zu Nikolaus 1925 kennengelernt. Zwischen den Jahren wurde geheiratet, bevor sie an Neujahr 1926 einen gesunden Knaben zur Welt brachte, der auf den Namen Theodor getauft wurde. Arnold Pachulke nahm seine frisch angetraute Frau und den angenommenen Sohn mit in die Kleinstadt Beelitz im Havelland. Diese Maßnahme war auch deshalb notwendig, weil sonst die Ähnlichkeit des kleinen Theo mit dem jüngsten Sproß derer zu Kielganß-Tanneck augenfällig geworden wäre. Dennoch riß der Kontakt zum leiblichen Vater nie ganz ab. Botho Freiherr zu Kielganß-Tanneck war sich seiner Verantwortung für den illegitimen Nachkommen durchaus bewußt. Über das Geld hinaus, das die Familie ihrem Mädchen als Mitgift in die Ehe gab, unterstützte Botho seinen Sproß nicht nur mit alljährlichen Geldgeschenken zu Weihnachten – er finanzierte zudem die höhere Schulbildung des Jungen. Es war für die damalige Zeit durchaus unüblich, daß der Sohn eines Samenhändlers aus Beelitz auf das renommierte Schadow-Gymnasium in Berlin-Zehlendorf ging. Die tägliche Bahnfahrt aus der Kleinstadt nach Berlin muß in dem Knaben ein Gefühl der Herausgehobenheit ausgebildet haben, das er sein ganzes Leben lang behielt.

Therese Pachulke, die Mutter, langweilte sich derweil zu Hause. Ihr Mann war als Vertreter mehr unterwegs, als man es in seinem Beruf sein muß. Sie bemühte sich um Gesellschaft und fand schnell Freunde, die ihr Bedürfnis nach Achtung ausbeuteten. Ganz bestimmt ist es dem heranwachsenden Theodor nicht leichtgefallen, über das Kommen und Gehen der wechselnden Onkel hinwegzusehen. Im Grunde genommen war er dann froh, als er das Haus seiner Mutter verlassen konnte, um nach einem Notabitur an die Front zu ziehen. Aber seine naive Begeisterung für alles Militärische, mit der er noch während der Grundausbildung in Berlin-Lankwitz seine Kameraden nervte, wich beim ersten Fronteinsatz nackter Angst. Pachulke schoß sich in den Fuß und kam ins Lazarett.

Zurück in Berlin begann Pachulke, sich eine Existenz aufzubauen. Dabei nutzte er eine Reisebekanntschaft, die ihm zahlreiche Promotionsurkunden eingetragen hatte. Schnell entwickelte sich ein Handel nicht nur mit Titeln, sondern auch mit Zigaretten, Teppichen aus dem Orient und schwarz Gebranntem. Die Wirren des Nachkriegs waren sicher Pachulkes größte Zeit. Seine jugendliche Agilität machte ihn zur Anlaufstelle für vielerlei Begehren. Feste Freundschaften allerdings schloß er nie. Während der Blockade ergatterte Pachulke einen Job in der Verwaltung der rationierten Lebensmittel. Die guten Kontakte des immerhin leidlich Englisch Sprechenden zu amerikanischen Offizieren hatten ihm diese Stellung verschafft. Doch sein Einsatz an dieser wichtigen Position endete abrupt, als ruchbar wurde, daß einige Berliner an faulem Fleisch verendet waren. Um einen Skandal zu vermeiden, schob man die Sache den Russen in die Schuhe und beförderte Pachulke in eine Behörde, wo er keinen Schaden mehr anrichten konnte.

Im Berliner Landesverwaltungsamt begann Pachulkes Karriere gleich ziemlich weit oben. Sein akademischer Grad verhalf ihm zu einer Stelle als stellvertretender Leiter der Rechtsabteilung. Daß er eigentlich von der Materie selbst wenig verstand, fiel zunächst einmal nicht auf. Pachulke hatte einen Vorgesetzten, der nicht nur alle Fälle an sich riß, sondern auch für wohlgesetzte Schmeicheleien sehr empfänglich war. Dr. Bertram schloß den jungen Kollegen rasch in sein Herz. Pachulke, der seine Kontakte vom Schwarzmarkt nicht hatte abreißen lassen, war in jeder Hinsicht nützlich und im Hause Bertram ein gern gesehener Gast. So konnte er auch Ursula, die Tochter der Bertrams, heranwachsen sehen, ohne indes zu ahnen, daß sie ihm einmal bestimmt sein würde.

Die sechziger Jahre begannen mit einem Paukenschlag. An einem Morgen im Sommer 1960 rief Dr. Bertram seinen Adlaten zu sich und gab ihm einen ungewöhnlichen Auftrag: Seine Ursula war von einer Studienreise nach Florenz nicht zurückgekehrt. Pachulke sollte sie zur Vernunft und vor allem wieder nach Hause bringen.

Es war Pachulkes erste Auslandsreise nach dem Krieg. Wie Goethe wollte er das Land entdecken und sich an den Quellen unserer Kultur erlaben. Tatsächlich kehrte er als ein Verwandelter zurück – mit Ursula als Braut. Nachdem ihre italienische Urlaubsbekanntschaft sie sitzengelassen hatte, sah die Schwangere keine andere Möglichkeit, als den vertrauten Freund des Hauses zum Gatten zu nehmen.

Jetzt war für Pachulke die Zeit gekommen, seine Junggesellenbude endlich zu verlassen. Zunächst lebte das Paar mit dem kleinen Töchterchen Dagmar bei den Schwiegereltern. Aber Pachulke plante Größeres. Ein eigenes Haus mit Garten sollte es sein. Die Planungen zogen sich hin. Erst einmal mußte mit Hilfe amtlicher Bekanntschaften ein Grundstück organisiert und baufertig gemacht werden. Ursula kümmerte sich derweil um einen geeigneten Architekten. Der Bungalow sollte ein Prachtstück werden: modern und ganz nach dem Geschmack der damaligen Zeit. Ursula blühte auf. Gemeinsam mit dem jungen Baumeister Robert Jansen wehrte sie die Bauherrenallüren ihres Mannes ab, bis es zum Eklat kam. Das Ehepaar trennte sich bei der Abnahme des Gebäudes, und Ursula zog zu ihrem Robert.

Über die Trennung von Frau und Kind ist Pachulke eigentlich nie hinweggekommen. Er verschanzte sich in seinem Neubau und ließ so gut wie niemanden mehr an sich heran. Aber eine weitere Demütigung blieb ihm nicht erspart. Als sein Gönner und Schwiegervater in Pension ging, wurde nicht er zum Nachfolger bestimmt, sondern ein Volljurist aus der Pfalz. Der neue Vorgesetzte konfrontierte ihn als erstes mit einer beachtlichen Liste fachlicher Fehlleistungen. Theodor Pachulke wurde aufs Abstellgleis geschoben und konnte nur noch durch Hader und Nörgelei im Amt auf sich aufmerksam machen. Die hochbezahlte Untätigkeit der sechziger und siebziger Jahre ließ den Entschluß in ihm reifen, nach der ersehnten Pensionierung noch einmal aktiv zu werden. Dabei kamen ihm seine an Geiz grenzende Sparsamkeit sowie einige finanzielle Erkenntlichkeiten von Antragstellern zugute. Wieder sollte es ein Haus sein, mit dem er ein neues Glück versuchte.

Als wir den ersten Rundbrief von Herrn Pachulke in unserer Post fanden, vermuteten wir zunächst einen Scherz und hatten unseren Nachbarn Rößke in Verdacht. Doch dann lernten wir den Hagestolz persönlich kennen. Im direkten Umgang erwies er sich bald als Papiertiger: Keiner seiner großen Pläne sollte sich je erfüllen. Dabei verlor er nie den Mut und er war stets bereit, sich auf ein neues Projekt zu werfen. Daß er sich mit der Zeit immer weiter von der Wirklichkeit entfernte, ließ ihn uns fast sympathisch werden. Als ihm schließlich alles entglitt, hatten wir sogar Mitleid mit dem alten Herrn, der in ein Sanatorium nahe seiner Heimatstadt Beelitz gebracht wurde. Es ist eine Ironie des Schicksals, daß dieser unzeitgemäße Mann auf diesem Wege zu seinem Ursprung zurückgefunden hat. Auch wenn er mit der Veröffentlichung seiner Briefe wohl kaum einverstanden wäre – wir jedenfalls wünschen ihm für seinen Lebensabend alles Gute.

Julius Grützke und Thomas Platt